科技查新工作与工作流管理实践

任　珩　杨生举　赵　勇等　著

科学出版社

北　京

内 容 简 介

为了规范面向社会服务的查新机构行为，保证查新的公正性、准确性和独立性，提高我国科技查新人员的业务水平，规范查新工作，本书全面系统剖析了科技查新的方法和技巧，并以典型的案例示范。基于创新主体协同支撑的视角，从国家创新发展需求、国家知识产权体系建设、查新机构工作模式和职能等方面思考了我国查新机构的发展方向，并从信用体系构建的视角，探讨了查新机构未来的转型路径，对于行业发展具有前瞻性指导意义。

本书可供查新机构人员、科技创新工作者、科技支撑服务人员及高等院校相关专业师生参考阅读。

图书在版编目(CIP)数据

科技查新工作与工作流管理实践／任珩等著. —北京：科学出版社，2022.1

ISBN 978-7-03-070038-4

Ⅰ.①科… Ⅱ.①任… Ⅲ.①科技情报-情报检索 Ⅳ.①G252.7

中国版本图书馆 CIP 数据核字（2021）第 208426 号

责任编辑：林 剑／责任校对：严 娜

责任印制：吴兆东／封面设计：无极书装

科学出版社 出版

北京东黄城根北街 16 号

邮政编码：100717

http://www.sciencep.com

北京中科印刷有限公司 印刷

科学出版社发行 各地新华书店经销

*

2022 年 1 月第 一 版 开本：720×1000 1/16

2022 年 3 月第二次印刷 印张：11 3/4

字数：250 000

定价：138.00 元

前　言

《中共中央关于制定国民经济和社会发展第十四个五年规划和二〇三五年远景目标的建议》明确坚持创新在我国现代化建设全局中的核心地位，把科技自立自强作为国家发展的战略支撑，加快建设科技强国。科技查新工作在服务科技创新和支撑科技发展方面起到着正面作用。科技查新是指具有查新业务资质的专业机构借助自身的文献数据库资源，根据委托人提供的科研项目技术要点，制定检索策略，通过计算机在文献数据库中进行检索，并运用文献情报专业知识，综合分析检索结果，撰写科技查新报告，对委托人科研项目进行新颖性判定。在对查新项目的新颖性进行情报学审查的过程中，科技查新既能为科技管理部门提供客观的决策依据，又能通过挖掘相关领域的技术背景、研究方向等重要信息为科研人员进一步研究和开发提供实际的帮助。

自 20 世纪 80 年代以来，科技查新已经成为我国科学技术管理和评估评价等工作的重要环节，在项目立项、成果鉴定、专利申请、奖励申报等科研活动中均起到积极作用，在支持和推动我国科技创新和发展方面具有一定的意义。1990 年原国家科学技术委员会发布《关于推荐第一批查新咨询科技立项及成果管理的情报检索单位的通知》后，国内大部分情报信息机构、部分专业性研究院所和一些高等院校图书馆逐渐开展了科技查新咨询业务。目前，我国的查新行业形成了一个多系统（科技、教育、卫生、机械等）、多层次（国家、省、市、县科技部门，高等院校图书馆，中国科学院国家科学图书馆，卫生、化工、机械等部门情报站）的行业格局。

为了规范面向社会服务的查新机构行为，保证查新的公正性、准确性和独立性，提高我国科技查新人员的业务水平，规范查新工作，本书全面系统剖析了科技查新的方法和技巧，并以典型的案例示范。本书从逻辑结构上来说，主要分为三部分。第一部分（第1～3章）为理论部分，主要对科技查新的内涵、作用、政策法规、业务流程、查新质量控制和信用体系建设等进行了系统阐述，为整体掌握我国科技查新工作态势、开展后续工作提供素材和理论基础；第二部分（第4～5章）结合信息环境电子化、数字化发展趋势，针对科技查新的管理工作进行论述，包括科技查新机构及人员的管理、查新机构转型和服务提质增效，以及科技查新工作流管理系统；第三部分（第6章）为科技查新业务管理平台和辅助软件介绍，以案例形式详细描述了科技查新业务管理和质量控制平台的操作环境、处理流程、设计控制机理等，为国内开展科技查新工作精准管理提供研究案例和基础。本书基于创新主体协同支撑的视角，从国家创新发展需求、国家知识产权体系建设、查新机构工作模式和职能等方面思考了我国查新机构的发展方向，并从信用体系构建的视角，探讨了查新机构未来的转型路径，对于行业发展具有一定前瞻性指导意义。

受限于学识水平和知识范围，难免有不足之处，真诚希望各位专家和读者给予批评指正。我们的联系邮箱：jainsuo@ llas. ac. cn。

任　珩

2021年10月20日

目　　录

1 科技查新概况

1.1 科技查新定义

科技查新（简称查新），是指具有查新业务资质的查新机构根据查新委托人提供的需要查证其新颖性的科学技术内容，按照《科技查新规范》进行操作，并做出结论（查新报告）。[①]

具体说，查新是针对某一特定的研究课题进行的，通过计算机检索和手工检索等手段查出国内外公开发表的与该课题相关的文献，再对查出的文献与被查课题进行对比分析，最后根据分析结果对被查课题的新颖性、先进性进行判定。[②]“查新”的结果即为被查课题的《查新报告》。查新是避免科研课题重复立项和客观正确地判别科研成果的新颖性而设立的一项工作。

科技查新在概念上容易与文献检索、专家评审和成果鉴定混淆。

科技查新是文献检索和情报调研相结合的情报研究工作，它以文献为基础，以文献检索和情报调研为手段，以检出结果为依据，通过综合分析，对查新项目的新颖性进行情报学审查，写出有依据、有分析、有对比、有结论的查新报告，也就是说查新是以通过检出文献的

---

① 周继敏．科技查新在河南电力科技创新中的作用［J］．河南电力，2009（4）：49-50.

② 李迎丰．我校图书馆查新站2004–2007年科技查新项目统计分析［J］．江南大学学报（教育科学版），2007（4）：104-107.

客观事实来对项目的新颖性做出结论。① 因此，查新有较为严格的年限、范围和程序规定，有查全、查准的严格要求，查新最后要给出明确的结论，查新结论具有客观性和鉴证性，但不是全面的成果评审结论。这些都是单纯的文献检索所不具备的，也有别于专家评审。

文献检索：针对具体课题的需要，提供相关的文献线索和原文，但不进一步对文献进行分析和评价，文献检索是科技查新的前期工作。

专家评审：根据专家个人的专业知识、实践经验、分析能力及所了解的专业信息，对被评对象的创新性、先进性、实用性等进行评价，与科技查新相比依据的基础不同，评价内容和评价标准也不同。

成果鉴定：参考查新机构出具的查新报告，依据专家个人的专业知识、实践经验、分析能力及所了解的专业信息，对对象的创新性、先进性、实用性等进行评价。

1.2 科技查新机构

查新机构是指具有查新业务资质，根据查新委托人提供的需要查证其新颖性的科学技术内容，按照科技查新规范操作，有偿提供科技查新服务的信息咨询机构。

科技查新机构主要有科技部认可的科技查新机构、教育部认可的科技查新机构、综合性科技查新机构、特殊行业认证的科技查新机构等几种分类。

(1) 科技部认可的科技查新机构

科技部于 1994 年（国科通［1994］23 号）、1997 年（国科函信字［1997］005 号）分三批公布了 38 家国家一级科技查新咨询单位，名单如表 1.1 所示。

---

① 李迎丰．我校图书馆查新站 2004-2007 年科技查新项目统计分析［J］．江南大学学报（教育科学版），2007（4）：104-107.

表 1.1 科技部认可的科技查新机构

机构名称		
中国化工信息中心	山西省科技情报研究所	中国国防科技信息中心
河北省科技信息研究所	机械工业信息研究院	上海市科技情报研究所
中国科技信息研究所	四川省科技情报研究所	中国航天信息中心
广东省科技情报研究所	中国医学科学院医学信息研究所	辽宁省科技情报研究所
科技部西南信息中心	山东省科技情报研究所	中国林业科技信息研究所
天津市科技信息研究所	冶金信息标准研究院	江苏省科技情报研究所
中国航空信息中心	黑龙江省科技情报研究所	中国农业科学院科技文献信息中心
湖北省科技情报研究所	中国有色金属工业公司技术经济研究院	广西壮族自治区科技情报研究所
中国航空信息中心	陕西省科技信息研究所	中国矿产信息研究院
铁道部科技信息研究所	兵器工业情报研究所	安徽省科技情报研究所
中国石化信息研究所	浙江省科技情报研究所	中国石油天然气总公司信息研究所
湖南省科技信息研究所	国家海洋信息中心	甘肃省科技情报研究所
煤炭科学技术信息研究所	云南省科技情报研究所	

（2）教育部认可的科技查新机构

教育部认可的科技查新机构是指经教育部批准的，具有科技查新业务资质，有偿提供科技查新服务的高校信息咨询机构。

教育部从 2003 年起在全国高校设立了“教育部科技查新工作站”，截至 2015 年 3 月 31 日，分 7 批设立了 108 家教育部科技查新工作站。教育部科技查新工作站名录如表 1.2 所示。

表 1.2 教育部科技查新工作站名录

批次	类别	编号	名称
第一批	综合类	Z01	北京大学
		Z02	复旦大学
		Z03	华中科技大学
		Z04	吉林大学
		Z05	四川大学
		Z06	山东大学

续表

批次	类别	编号	名称
第一批	综合类	Z07	武汉大学
		Z08	西安交通大学
		Z09	浙江大学
		Z10	中山大学
		Z11	中南大学
		Z14	上海交通大学
		L01	北京科技大学
	理工类	L02	重庆大学
		L03	东北大学
		L04	东南大学
		L05	大连理工大学
		L06	华东理工大学
		L07	湖南大学
		L08	江南大学
		L09	兰州大学
		L10	南京大学
		L11	清华大学
		L13	天津大学
		L14	同济大学
		L15	厦门大学
		L16	中国海洋大学
		L17	中国地质大学（武汉）
	农学类	N01	中国农业大学
第二批	理工类	SH01	石油大学（北京）（石油石化学科）
		L18	北京师范大学
		G01	长安大学（工学）
		J01	西南交通大学（交通运输学科）
		G02	河海大学（工学）
		L20	华南理工大学
		SH02	石油大学（华东）（石油石化学科）
		G03	华北电力大学（工学）
		L21	南开大学

续表

批次	类别	编号	名称
第二批	理工类	D01	电子科技大学（电子信息学科）
		G04	中国矿业大学（工学）
		L19	华东师范大学
	农学类	N02	东北林业大学
	医学类	YZH01	北京中医药大学（中医学与中药学学科）
第三批	理工类	Z12	郑州大学
		G05	东华大学（工学）
		L22	福州大学
		G06	江苏大学（工学）
		G07	南京航空航天大学（航空航天学科）
		L23	内蒙古大学
		GN01	宁波大学（工学）
		G08	山东科技大学（工学）
		G09	武汉理工大学（工学）
		G11	燕山大学（工学）
		G10	西安电子科技大学（工学）
	农学类	N03	南京农业大学
		N04	西北农林科技大学
	医学类	YZH02	广州中医药大学（中医学与中药学学科）
第四批	综合类	Z13	苏州大学
	理工类	L24	东北师范大学
		L25	南昌大学
		G12	上海海事大学（工学）
		L26	深圳大学城图书馆
	农学类	N05	福建农林大学
		N06	海南大学
		N07	华中农业大学
		N08	西南大学
	医学类	Y01	南方医科大学

续表

批次	类别	编号	名称
第五批	综合类	Z15	暨南大学
	理工类	G13	广东工业大学
		G14	南京工业大学
		G15	陕西科技大学
		L27	北京理工大学
		L28	南京理工大学
		L29	西北工业大学
	农学类	N09	华南农业大学
		N10	扬州大学
	医学类	Y02	天津医科大学
		Y03	遵义医学院
第六批	理工类	L30	北京化工大学
		L31	合肥工业大学
		L32	昆明理工大学
	理工农类	LN01	广西大学
	医学类	Y04	广东医学院
		Y05	新疆医科大学
第七批	综合类		河南大学
	理工类		北京工业大学
			北京交通大学
			北京体育大学
			长沙理工大学
			常州大学
			广州大学
			哈尔滨工业大学
			河南科技大学
			南京信息工程大学
			太原理工大学
			新疆大学
			盐城工学院
			浙江工业大学

续表

批次	类别	编号	名称
第七批	农学类		湖南农业大学
			云南农业大学
	医学类		安徽医科大学
			温州医科大学

注：第七批教育部科技查新工作站编号未见文献报道

(3) 综合性科技查新机构

综合性科技查新机构包括国家、省（自治区、直辖市）及地级市图书情报研究机构，主要包括中国科学技术信息研究所、中国科学院文献情报中心（国家科学图书馆）、各省科技情报研究所（研究院、信息研究院、信息研究所）等，综合性科技查新机构如表 1.3 所示。

表 1.3　综合性科技查新机构名录

序号	单位名称	查新网址
1	中国科学技术信息研究所	https://chaxin. istic. ac. cn/novelty/
2	中国科学院文献情报中心	http://chaxin. las. ac. cn/novelty/embed/home. htm
3	北京市科学技术情报研究所	https://www. bjast. ac. cn/Html/Article/20100915/9817. html
4	天津市科学技术信息研究所	http://cx. tjst. net/
5	河北省科学技术情报研究院	http://www. hebsti. cn/home/
6	山西省科学技术情报研究所	http://www. sxinfo. net
7	内蒙古科技信息研究院	http://www. imast. ac. cn/
8	辽宁省科学技术情报研究所	http://cx. lnisti. cn/
9	吉林省科技信息研究所	http://kjt. jl. gov. cn/
10	黑龙江省科学技术情报研究院	http://www. histi. org. cn/
11	上海科学技术情报研究所	https://library. sh. cn/#/index
12	江苏省科学技术情报研究所	http://www. jssti. net/
13	浙江省科技信息研究院	http://www. istiz. org. cn/
14	安徽省科学技术情报研究所	http://www. ahinfo. org. cn/
15	福建省科学技术信息研究所	http://www. fjkjcx. org. cn/
16	江西省科学技术情报研究所	http://www. jxinfo. net. cn/
17	山东省科技情报研究所	http://www. sdsti. net. cn/

续表

序号	单位名称	查新网址
18	河南省科学技术信息研究院	http://www.hnsti.cn/web/index.jsp
19	湖北省科技信息研究院	http://www.hbsti.ac.cn/Portal/index.jsp
20	湖南省科学技术信息研究所	http://www.hninfo.org.cn/
21	广东省科学技术情报研究所	http://www.gdinfo.net/
22	广西科技情报研究所	http://www.gxinfo.org/portal/default.aspx
23	海南省科学技术信息研究所	http://www.histi.com.cn/
24	四川省科技信息研究所	http://www.istisc.cn/istisc/
25	贵州省科学技术情报研究所	http://kjt.guizhou.gov.cn/zwgk/xxgkml/jggk/jgsz/zsjg/201801/t20180130_16189911.html
26	云南省科学技术情报研究院	http://www.yunnanchaxin.cn/home/index/index
27	西藏自治区科技信息研究所	http://sti.xizang.gov.cn/jggk/zssydw/201505/t20150506_107177.html
28	陕西省科学技术信息研究所	http://124.114.152.121:83/
29	甘肃省科学技术情报研究所	http://www.gsinfo.net.cn/index/index.html
30	青海省科学信息技术研究所	http://www.qhinfo.net/
31	宁夏科技发展战略和信息研究所	https://kjt.nx.gov.cn/zzjg/zsdw/201811/t20181112_309.html
32	新疆科技情报研究所	http://www.xjinfo.gov.cn/

(4) 特殊行业认证的科技查新机构

特殊行业认证的科技查新机构是指各部委（除教育部外）审批的专业性情报机构。

1.3 科技查新对象

需要进行科技查新的机构主要分为以下几类：高等院校、科研单位、政府部门和企事业单位等。

1）针对科研单位主要提供科研立项、项目申报、成果鉴定、申报奖励、高新技术产品、申请国家发明专利、国家重点实验室评估等。

2）针对高等院校主要提供博士生课题开题、科研立项、项目申报、成果鉴定、申报奖励、高新技术产品、申请国家发明专利、国家重点实验室评估等。

3）针对政府部门和企事业单位主要提供科研立项、项目申报、成果鉴定、申报奖励、高新技术产品、申请国家发明专利等。

1.4 科技查新作用

伴随着我国科技管理体制逐渐发展成熟，科技查新也逐渐成为科技活动中的关键环节，发挥着重要作用。

（1）在科研项目选择和立项阶段进行把关，提供客观依据

科研人员在选题、科研管理和资助部门的课题审批时，首先必须搞清楚该科研课题在论点、目标、技术路线、技术内容、技术指标、技术水平等方面是否具有新颖性，所谓新颖性就包括了是否为当下为止别人没有研究过的，且具有研究价值的课题，科技查新的作用正是对于这些问题的解答。通过科技查新可以了解国内外相关研究方向的发展水平、研究进度、研究开发的深度及广度、已解决和尚未解决的问题等，进而对所选课题是否具有新颖性的判断提供客观依据。这样可避免将已经在研究的课题或者已经研究过的课题重复研究，造成人力、物力、财力浪费和损失。

（2）为科技成果的鉴定、评估、验收、转化、奖励等提供客观依据

我国的科技成果的鉴定、评估主要是采用专家评审与科技查新相结合的方式进行，科技查新所具有的客观性在一定程度上弥补了专家评审客观性不足这一点。科技查新可以为科技成果的鉴定、评估、验收、转化、奖励等提供客观的文献依据，并给出客观的具有鉴证性的结论，这些结论可作为专家评审的有益补充。高质量的科技查新结论结合评审专家丰富的专业知识，保证了科技成果鉴定、评估、验收、转化、奖励等的权威性和科学性。

（3）在项目的进行和发展的过程中为科技人员提供相关信息

随着科学技术的不断发展，学科分类越来越细，信息的载体形式也越发丰富，科技人员想要获取相关信息就要来回穿梭，这就使得科技人员获取信息的难度越来越大，花费时间越来越长。而专业科技查新人员依托于强大的信息源，同时通过运用相应的检索手段和熟练的查新技能，可以大量节省科研人员查阅文献的时间，而且查新机构具有完善的信息资源和计算机检索系统，查新范围覆盖全面，可以保证信息的回溯性和时效性，基本能满足科研工作的信息需求。

(4) 有助于科技管理决策科学化

目前，科学研究中学科分类越来越细，学科之间相互渗透越来越深，这就给科技管理机构在项目立项审查、成果鉴定验收、项目奖励评审、新产品申报评审、高新技术企业认定等科技管理工作带来巨大的困难，管理者无法及时全面地了解到待评审项目的国内外相关研究现状和进展，而查新机构具备完善的信息源和专业的查新人员，可以在短时间内通过检索相关文献，给出客观性的结论。科技管理决策与科技查新的结合，就可以全面、准确、客观地进行相关决策和评价工作。

(5) 有助于创新过程中规避风险

一份高质量的科技查新报告是建立在一个完善的科技查新支撑体系上的，而一个完善科技查新支撑体系是由 4 项基本要素构成的，即查新机构、管理者、专业的查新员和审核员、完整的文献资源系统，这样的科技查新支撑体系才能保证查新员在最大程度上反映待查证项目的客观性、新颖性、实用性，从而避免科研人员重复立项、缩短科研周期、规避知识产权纠纷、规避盲目性技术与设备引进、提高企业技术创新进程。

1.5 科技查新报告及其使用相关规定

1.5.1 科技查新报告

科技查新报告是查新机构根据查新项目的查新点与所查数据库等

范围内的文献信息进行比较分析，对查新点作出新颖性判别，以书面形式所撰写的客观、公正性的技术文件。其目的是为科研立项、成果评价、新产品鉴定、奖励申报、专利申请等提供客观的文献依据[①]。

（1）鉴证作用

科技查新报告是一种公证性的技术文件，体现鉴证性。查新报告应客观反映查新课题的真实情况，独立、客观、公正是查新报告的生命。

（2）主要内容

科技查新报告主要内容包括：报告编号、项目名称、委托人、委托日期、委托机构名称、查新机构名称、查新完成日期、查新目的、查新项目的科学技术要点、查新点与查新要求、文献检索的范围与检索策略、检索结果、查新结论、查新员与审核员声明、附件清单、备注等。

（3）著录要求

1）报告编号，由10位阿拉伯数字及大写英文字母组成，分3部分：左起前4位为年代号（如2021）；第5、第6位为“查新”的首字母“CX”；第7～10位为承接课题数的年度流水序号（如2640）。

2）项目名称，首页的项目名称一般只填写中文名称。在第2页表格中，国内项目查新则只填写中文名称，英文名称一栏可填写“略”；做国内外项目查新须同时填写中英文名称。

3）委托人，指提交查新委托的自然人、法人或者其他组织。

4）机构名称，填写“中国科学院××文献情报中心（××为地区）、教育部科技查新工作站××××（××××为查新站编号）、××××大学图书馆（或××××查新检索中心）”。例：中国科学院兰州文献情报中心、教育部科技查新工作站（Z09）、浙江大学图书馆。

5）通信地址，填写查新机构的名称、通信地址、联系人、联系方

---

① 崔少鹏．科技查新报告质量控制研究［J］．科学咨询，2014（22）：83.

式等信息。

6）查新目的，根据委托人的查新需求确定。如：立项查新（申报计划、开题）、成果查新（成果鉴定、申报奖励）、实验室查新（实验室申请、评估）、新产品鉴定、专利申请等。

7）查新要求，指查新委托人提出的具体需求。例如，要求查新机构通过查新，证明在所查范围内国内外（或国内）有无相同的文献报道；查新是否需要加急；获取查新报告的方式（自取或者邮寄）；发票信息；付款方式等。

8）查新科学技术要点，提供具备以下要求的相关材料：充分反映出查新项目的概貌，简述项目的背景、技术问题、解决技术问题所采用的方案、主要技术特征、技术参数或指标、应用范围等相关技术内容。

9）查新点，指需要查证的体现查新项目新颖性的技术创新点。此处，项目负责人须通过专业知识判断，用两三句非常精炼的语句，表达该查新项目与已有研究的区别点（查新点），该区别点可以是新技术、新方法、新内容、新工艺、新配方、新指标、新理论，但在数据库（国内数据库主要包括 CNKI、万方、维普、国家知识产权局专利数据库等；国外数据库主要包括 WOS、Scopus、EI、Derwent Innovations Index、Elsevier、Willy、Springer 等摘要/全文数据库）检索对比时，不能出现与之相同的文献，否则查新点将会被否决掉，需要重新提供查新点。

10）检索词，能反映查新项目查新点实质内容的关键词。除规范词外，一般还应包括同义词、关键词、自由词、缩写词、化学物质登记号、国际专利分类号等。国内查新中填写中文检索词；国内外查新中需要填写中、英文检索词。

11）检索式，应使用逻辑算符、位置算符、截词符等检索算符限定词与词之间的关系。检索式应尽量针对每个查新点逐条列出，以保证检索到的相关文献的完整性，当查新点关联比较紧密时也可根据情况针对几个查新点或全部查新点一并列出一个检索式。国内查新须填写中文检索式，国内外查新须填写中、英文检索式，所有检索式的检出结果不得同时为零，单个检索式的检出结果为零时，须扩大检索范围或改变检索式，直至有检索结果。

12）检索范围，文献检索范围分中文检索范围与外文检索范围。查新报告中要列出检索使用的综合数据库（通用基本库）和与此查新项目相关的专业数据库，并写出数据库的名称（全称）、起止时间，必要时列出数据库的更新周期。基本数据库如下所示：

A. 中文检索数据库及搜索引擎：

①《中文科技期刊数据库》维普 (1989—Current)

②《中国科技经济新闻数据库》维普 (1992—Current)

③《中国学术期刊网络出版总库》CNKI (1979—Current)

④《中国博士学位论文数据库》CNKI (1999—Current)

⑤《中国优秀硕士学位论文数据库》CNKI (1999—Current)

⑥《中国重要会议论文数据库》CNKI (1999—Current)

⑦《中国重要报纸全文数据库》CNKI (2000—Current)

⑧ 国家科技图书文献中心(http://www.nstl.gov.cn)

⑨《国家科技成果网》(http://www.nast.org.cn/)

⑩《中国科学文献服务系统》(http://www.sciencechina.ac.cn)

⑪ 上海知识产权信息平台(http://www.shanghaiip.cn/wasWeb/index.jsp)

⑫ 中国国家知识产权局(http://www.sipo.gov.cn/)

⑬ 全球产品样本数据库(http://gpd.las.ac.cn/)

⑭ 必应(http://cn.bing.com/)

⑮ 百度(http://www.baidu.com/)

B. 外文检索数据库：

a. 综合类：

⑯ Web of Science^{SM}-SCI-EXPANDED (1900-Current)

⑰ Web of Science^{SM}-CPCI-S（1990–Current）

⑱ Web of Science^{SM}-INSPEC（1969–Current）

⑲ Ei Engineering-Compendex（1969–Current）

⑳ CSA-NTIS（1964–Current）

㉑ ProQuest-Dissertations & Theses A&I：The Sciences and Engineering Collection（1905–Current）

㉒ CSA-Conference Papers Index（1982–Current）

㉓ CSA-ANTE：Abstracts in New Technologies and Engineering（1981–Current）

㉔ ASME Digital Collection（http://asmedigitalcollection.asme.org/）

㉕ Directory of Open Access Journal（http://www.doaj.org/）

㉖ Elsevier Science Direct（http://www.sciencedirect.com/）

㉗ J-STAGE（http://www.jstage.jst.go.jp/browse/_journallist）

b. 专利：

㉘ Web of Science^{SM}-Derwent Innovations index（1963–Current）

㉙ United States Patent Full-Text Database（http://patft.uspto.gov/，1790–Current）

㉚ European Patent Database（http://ep.espacenet.com/，1836–Current）

c. 数值数据：

㉛ Knovel Library（http://app.knovel.com/web）

㉜ Landolt-Bornstein（http://www.springermaterials.com/docs/index.html）

d. 生态环境：

㉝ CSA-Oceanic Abstracts（1981–Current）

㉞ CSA-EIS：Digests of Environmental Impact Statements（1985–Current）

㉟ CSA-Water Resources Abstracts（1967–Current）

㊱ CSA-ASFA：Aquatic Sciences and Fisheries Abstracts（1971–Current）

㊲ CSA-Safety Science and Risk（1981–Current）

㊳ CSA-Environmental Sciences and Pollution Mgmt（1967–Current）

a） CSA-Environmental Engineering Abstracts（1990–Current）

b） CSA-Pollution Abstracts（1981–Current）

㊴ BIOSIS Previews（1991–Current）

e. 生物、化学、医学：

㊵ CSA-Biological Sciences（1982–Current）

c） CSA-Ecology Abstracts（1982–Current）

d） CSA-Entomology Abstracts（1981–Current）

㊶ CSA-Biotechnology and Bioengineering Abstracts（1982–Current）

㊷ TOXLINE(http://toxnet.nlm.nih.gov/cgi-bin/sis/htmlgen?TOXLINE)

㊸ SciFinder(http://scifinder.cas.org,1907–Current)

㊹ Reaxys(https://www.reaxys.com/)

㊺ ACS Journals（American Chemical Society，http://pubs.acs.org，1879–Current）

㊻ Zoological Record Plus（1864–Current）

㊼ RSC（http://pubs.rsc.org,1841–Current）

㊽ ISI Medline（1950–Current）

㊾ JSTOR（1995–Current）

㊿ NCBI(National Center for Biotechnology Information,http://www.ncbi.nlm.nih.gov/)

f. 物理、电子、计算机：

51 CSA-Computer and Information Systems Abstracts（1981–Current）

52 CSA-Electronics and Communications Abstracts（1981–Current）

53 IEEE/IEE Electronic library（1957–Current）

⑭ IoP Electronic Journals(http://iopscience.iop.org/journals)

⑮ SPIE Digital Library (1962–Current)

⑯ ACM Digital Library(Association for Computing Machinery, http://dl.acm.org, 1947–Current)

⑰ ASCE Journals(The American Society of Civil Engineers, http://scitation.aip.org)

⑱ AIP Journals(http://scitation.aip.org/)

⑲ AIP Conference Proceedings(http://www.scitation.org, 2000–Current)

⑳ AIP Physics Today Online Archive(http://www.physicstoday.org/)

㉑ APS Journals(http://journals.aps.org, 1893–Current)

㉒ Optical Society of America(http://www.opticsinfobase.org/)

㉓ SPIE Digital Library(http://spiedigitallibrary.org, 1962–Current)

㉔ CiteSeer.IST(http://citeseer.ist.psu.edu)

㉕ Intel Technology Journal(http://www.intel.com/technology/itj/index.htm)

g. 材料：

㉖ CSA-Engineered Materials Abstracts (1986–Current)

㉗ CSA-Materials Business File (1985–Current)

㉘ CSA-METADEX (1966–Current)

㉙ CSA-Corrosion Abstracts (1980–Current)

㉚ CSA-Ceramic Abstracts/World Ceramics Abstracts (1975–Current)

㉛ CSA-Solid State and Superconductivity Abstracts (1981–Current)

㉜ CSA-Aluminium Industry Abstracts (1972–Current)

㉝ Copper Data Center Database (Copper Development Association Inc. 1965–Current)

㉞ MRS Online Proceedings (1980–Current)

㉟ Energy Citations Database (1943–Current)

h. 地学、航空、航天：

⑯ GeoScienceWorld（1669–Current）

⑰ CSA-Aerospace & High Technology Database（1962–Current）

CSA-Meteorological & Geoastrophysical Abstracts（1974–Current）

⑱ GeoBase on EV2（1973–Current）

⑲ Jane's 军事装备与技术情报中心数据库（1988–Current）

⑳ AMS Journals Online（1900–Current）

㉑ AIAA（American Institute of Aeronautics and Astronautics，http://www. aiaa. org/）

㉒ AGU Online Journals（http://publications. agu. org/journals/）

13）检索结果，应综合归纳检出文献的概况，对检出的文献进行筛选和比较后，获得可对比文献，对所获得的可对比文献与查新项目的相关程度进行对比分析。在检索结果首段写明：利用以上检索词和检索式，共查出相关文献××篇，其中中文文献××篇，外文文献××篇（国内外查新需列出中、英文可对比文献，国内查新只需列出中文文献即可）。对检出的文献进行筛选和比较后，获得可对比文献××篇，其中该查新项目课题组发表成果××篇。然后将整理得到的可对比文献列举出来，对文献进行概述时应注意修正数据库中的各种显而易见的文字错误，以及因镜像转换等造成的单位、上下标、全角半角等缺陷。

14）查新结论，查新结论在体例上应是一篇相对独立的具有鉴证性的短文，将检索结果与课题查新点进行对比分析，以综述的形式形成的查新结论。应特别注意撰写的完整性、逻辑性和客观性，为专家评审和科研管理部门提供科学、客观的依据。查新结论必须客观、公正、准确、清晰地反映查新项目的真实情况，应当包括下列内容：①相关文献检出情况；②检索结果与查新项目的科学技术要点的比较分析；③对查新项目新颖性的判断结论（即该查新项目开展的××××研究，在国内/国内外公开文献中未见相同报道），不得有倾向性描述、水平性评价和赞誉之辞及广告性等用语，重在体现客观性。

15）查新员、审核员声明，查新报告应当包括经查新员、审核员签字的声明。声明的内容可以参考下面的内容进行撰写：①报告中陈述的事实是真实和准确的。②我们按照《科技查新技术规范》（GB/T 32003—2015）进行查新、文献分析和审核，并作出上述查新结论。③我们获取的报酬与本报告中的分析、意见和结论无关，也与本报告的使用无关。并且在此处查新员和审核员要进行签字、盖章。

16）备注，需注明：①本查新报告无查新员和审核员签名无效；②本查新报告无查新机构的“科技查新专用章”无效；③本查新报告涂改无效。

1.5.2 科技查新报告的使用相关规定

政府对科技查新报告使用相关规定：

1）1994 年 10 月 26 日，国家科学技术委员会颁布《科学技术成果鉴定办法》，第 18 条第 4 款把“有经国家科委或者省、自治区、直辖市科学技术委员会或者国务院有关部门认定的科技信息机构出具的查新结论报告”作为申请鉴定的必备材料之一。

2）1997 年 7 月 30 日，国家科学技术委员会发布《国家科学技术奖励推荐和评审工作的补充规定》第 8 条指出：“未授予发明专利的，须按照有关规定提供对项目创新内容的查新报告”。

3）1997 年 11 月 29 日，国家科学技术委员会会同 7 个部委共同发布《国家重点新产品计划的管理办法》中第 11 条第 3 款把“国家一级查新单位或相应查新单位出具的查新检测报告”作为申报所需材料之一。

4）2005 年，建设部颁发的《工程建设工法管理办法》（建质［2005］145 号）中明确规定，申报工法，必须提供查新报告。

目前，大部分国家级或地方项目依然要求把查新报告作为必须或可选材料。

1.6 科技查新工作质量管理

1.6.1 查新人员管理

《科技查新技术规范》中限定了查新人员包括查新员和审核员的资质要求，查新中心在人员管理方面应按照规范进行。近年来科技发展迅速，科技查新对查新人员的要求也越来越高。除了基本的信息检索能力和英语水平外，专业背景知识、计算机应用能力、信息综合处理能力逐渐成为新时期科技查新的要求。另外，社会的发展也促进科技查新成为科技服务行业，查新人员的沟通交流能力、职业素养和道德修养也已成为查新中心管理的重中之重。在科技查新越来越专业化的情况下，查新中心应该逐渐建立查新咨询专家和同行专家系统，为查新报告的专业性和准确性提供保障。

1.6.1.1 查新员

查新员基本的综合素质与各方面因素相关，学科专业背景、学历背景、工作资历及学习能力都是影响查新员水平的重要因素。根据《高校图书馆科技查新人员专业素质培养探索》的研究分析，查新员素质的排序依次为（前6位）：专业能力、专业知识、检索能力、分析能力、职业道德、沟通能力，它们分别占总权重的32.89%、14.01%、13.31%、11.76%、6.95%、5.94%，其中专业能力与专业知识分别居于第一和第二位，两者共占了总量的46.9%。[①] 可以看出，新时期查新员最重要的要求是学科专业背景，基于学科专业背景的知识和能力，是影响整个查新过程的最重要因素。由于查新中心发展的

① 朱榕. 高校图书馆科技查新人员专业素质培养探索［J］. 大学图书馆学报，2013（3）：87-92.

原因，查新员是从原图书馆从业人员发展而来的占多数。原图书馆从业人员一般具有丰富的文献、信息检索能力，但专业背景多为情报学、档案学等图情专业，缺少具有专业知识背景的工作人员。因此，查新中心在发展和引入查新员时，应在满足《科技查新技术规范》的前提下，引入具有专业学科背景的人员，这有助于优化查新中心的人员结构，满足不同需求的查新用户。

目前科技查新模式一般是查新员与用户直接对接，根据查新过程可以分为两个阶段。查新员在展开工作时，第一阶段就是对接用户，包括收取查新委托单、检查材料和沟通确认查新内容等。用户在提交查新委托单时，首先要确保联系方式，以前很多查新委托都是到馆委托，面谈的方式效率较高，但存在偶发性，例如用户提交材料后须当面沟通确定查新内容，耽误原有工作进度；或者用户距离较远，时间成本高等问题。因此，在网络和通信发达的现在，选择电话或者在线沟通是非常有效的方式。用户特别是首次进行科技查新的用户，提交的材料很难直接展开查新工作，查新员必须在规定的时间范围内联系用户，沟通交流确认查新内容，并且与用户约定好时间、加急时间等事项，在保证工作时间的基础上，尽可能满足用户的加急要求。立项查新应补充申报材料、成果查新应提交论文专利等成果，还应添加项目组人员，以便区分检索到的文献是否是课题组成果。国内外查新应该要求用户提供准确的英文题目和关键词，尤其是主要关键词的行业通用词，不能简单地以网络翻译作为最终检索词。此外，部分企业存在公司或者集团名称等基本信息需要确认一致等问题。查新点的沟通确认需要事先进行大致检索，了解项目主要研究内容的国内部分，然后跟用户进行详细交流，对所选的查新点进行删减补充，确定能够反映整个项目的创新性，提高查新报告水准。这个环节需要查新员高效的沟通能力，既要保证用户充分理解科技查新的注意事项，又要避免沟通不够细致给查新带来影响，耽误查新进度。这一阶段对查新员的主要考核指标应该放在沟通时效、查新点把握和工作进度安排上。第二阶段是查新检索、结果对比和结论撰写，这是查新员的核心工作。查新检索要注意关键词的审核，要能够全面、准确和完整地检索查新项目的对比范围，不能全部以用户提交的关键词为准，特殊关键词还需要进行中英文对比或者不同表达方式对比。数据库的选择也需要根据查新内容进行区别选择，例如，涉及新产品的项目需要在网页信息上进行检索，涉及食品医药类的需要在国家食品药品监督管理部门的专门网站进行检索。依据关键词构建检索策略，也是查新员重要的工作内容之一，既要保证检索范围全、检出文献准，同时还要尽量让审核员和用户能够大致了解检索内容。检出文献的对比中，既要将密切相关文献逐一对比并加以文字解释，同时也要避免同类文献过多，因此需要删除与单个关键词相似但与查新内容相关不大的文献。此外，在文献对比中，区域、技术和指标都是重点，需要仔细甄别上述三个方面的差距。查新结论的撰写需要紧密围绕查新点展开，不能根据检索到的文献随意扩大或者限制。立项查新和成果查新的结论表述不同，要区分撰写，成果查新中要对用户的成果加以表述，且结论应该按照查新标准规范来书写。

1.6.1.2 审核员

审核员是查新审核员的简称，是指具有高级专业技术职称和查新资格，负责审核查新员所做的查新工作是否规范，并向查新员提出审核意见的查新人员。

科技查新审核工作应分为两方面，一方面是面向独立报告，进行流程和报告审核，主要进行委托单审核、查新点审核、文献检索过程审核、文献检索结果审核、文献对比分析过程审核和科技报告结论、水平审核；另一方面，审核员应该担负审核查新员的责任，主要审核查新员的需求理解与沟通能力、信息检索高级技巧、查新结论的表述、查新流程信息化管理、辅导查新员提高查新效率等。

面对独立报告的审核，审核员要针对审核步骤及审核内容有的放矢。合格的查新员在进行独立的查新报告时，委托单、检索式、检索范围、检索结果应属于出错概率较小步骤，审核员审核时应注重原始用户信息和用户要求，发现不一致时应首先与查新员沟通，看用户是否更改了相关信息，避免误会，此环节应注重委托内容的复核、检索策略的准确性、检索结果的复现等。查新点的审核，是审核员关注的重点之一。从原始查新委托单到查新报告中的查新点，查新员进行的提炼、修改及合并等是否与原委托单查新点相符，是否展现了具体、清晰、明了的特点。检索策略的审核，检索策略制定是否得当也是影响查新质量的重要环节，审核时应特别注意两个问题：一是发现整体检索策略不准确时，应及时与查新员沟通，判断出错环节是在查新理解还是检索应用方面，重点考虑重新制定检索策略；另一方面主要审核“全”和“准”，特别是密切相关文献数量特别少的情况下，重点考虑关键词和数据库的选择，以及关键词的中英文对比和相关词、特色领域的数据库补充、检索式逻辑运算等。对于检索结果，首先审核文献的关联性，其次要注重文献题录摘要信息和查新内容的契合程度。查新结论对于整个查新报告重要性不言而喻，也是审核员关注的重点之一。从检索出的文献中筛选出的密切相关文献与查新点进行对应说明，所有描述应该围绕查新点进行对比分析，密切相关文献的描述应尽量以原文信息为主，审核员应注意查新员是否添加了主观性描述。查新点对比的结论应该客观公正，语言表达准确精练，一般要达到非专业人士也能看出查新点与密切相关文献之间的不同，同时也应避免大段落地引用检出文献内容，造成查新结论冗长。此外，应该区分不同目的的查新报告结论，立项查新与成果查新重点略有不同。立项查新报告中，应重点关注目前研究已有成果与查新点之间的关系。如果查新报告研究的内容无研究成果基础，应慎重考虑重新检索或者关键词制定，避免专业词汇使用错误或者检索不当得出错误结论。成果查新报告应注意查新课题组已有成果的罗列，并且在结论部分说明查新课题组的密切相关成果，如除查新课题组相关研究成果外，未见国内或者国内外相关文献报道等。最后，审核员应该负责查新报告格式的审核，查新报告应使用标准规范的格式书写。

审核员在审核查新员提交的报告时，主要考察查新员的需求理解与沟通能力、信息检索技巧、查新结论的表述、查新员查新效率、查新流程信息化管理等方面。查新员的需求理解与沟通能力通常无法体现在查新报告中，审核员应定期查看查新点与原始委托单查新点之间的变化，根据查新点的优化判断查新员的沟通能力。信息检索技巧可从查新关键词和检索策略判断，多次的检索不全或者检索策略制定不当应及时提醒查新员提高信息检索技巧。查新效率方面注重时效，根据查新员完成报告的时间综合考虑查新员的效率，在保证查新质量的情况下要提高查新效率，及时完成查新报告。针对查新报告的时间延误应及时确定是用户问题还是查新员责任，明确查新时间节点。查新流程信息化管理主要考察查新员的接收、处理材料和保存文档习惯。另外，收费流程标准化也是考察要点之一。

1.6.1.3 查新咨询专家

查新咨询专家是指为查新机构提供查新咨询服务的同行专家。

目前科学技术发展迅速，很多领域在近几年发生急速更新，即便是具有学科背景的查新人员，由于从事科技查新而远离一线科学研究，对新的科学研究内容也会出现掌握不足的情况，查新咨询专家可以很好地弥补这一缺陷，确保查新报告质量。专家审核可以从专业角度出发，与查新员沟通，从而使得查新结论更加精确和专业。专家同时也可以对查新内容进行预判，给予查新员在关键词确定、文献筛选、密切相关文献对比方面的帮助，尤其是在结论部分，根据专家的意见，能够使查新员充分理解查新研究内容并且提高文献对比效率，更好地完成查新报告。

查新中心一般还负责论文收录引证，可以从论文收录引证方面建立查新咨询专家库，同时根据本查新中心重点领域，寻求合适的专家建立长期联系。针对查新咨询专家，应以荣誉激励为主，查新中心应以正式聘书邀请专家，同时给予适当劳务补贴，增加专家的主动参与性。同时，也应注意到，查新咨询专家在各个领域都事务繁忙，并不能够如期完成查新咨询。实际工作中，加急报告一般没有足够的时间等待咨询专家反馈，加密或者查新委托人要求保密的查新报告也无法进行专家咨询，这样的情况造成咨询专家在查新中的参与愈加减少，但应正确认识到专家咨询是长期有利于查新中心的制度，不能因为一两次的查新报告没有得到反馈就将专家咨询放弃，还应长期保持联系，建立良好合作关系。

1.6.1.4 同行专家

同行专家是指最接近查新项目所涉及的科学技术内容的专家。

同行专家有别于查新咨询专家，是针对查新内容而言更相关的领域专家。类似于项目评审等中的同行评议专家。

同行评议被认为是科技查新的升级版，是更高水平的“科技查新”，针对项目、成果能做出更加准确的新颖性、实用性和前瞻性判断。但同行评议所需时间和精力及组织协调等方面消耗会较大，此外评审专家的行业背景、利益冲突及专家自身的层次和水平也会影响同行评议水准。科技查新是效率相对较高的评价方式，在其中引入同行专家评议，需则结合了两者优点，不但有专业、全面的文献数据支持，还有专家的判断评议，为研究内容的真实判断提供可靠的依据。

科技查新中的同行专家也面临查新咨询专家相同的问题，但应同样以发展的眼光看待，避免急功近利，为查新中心的长远发展考虑。同时，应该逐渐建立查新专家咨询技巧，例如加急报告应优先选择电话沟通，重大原创性或者颠覆性成果应及时沟通，避免造成重大错误。

1.6.2 查新报告质量管理

查新报告质量评价，既包括查新工作人员评价，也包括整个查新中心工作评价。对每一份查新报告的审核和评价，可以反映查新报告参与人员，包括查新员、审核员、查新咨询专家和同行专家的工作水平。针对查新中心工作评价，则是对查新中心一定时期内的查新报告展开整体质量评价，有助于提升查新中心的工作模式及查询水平。

1.6.2.1 查新报告评价

查新报告的评价应该建立统一的标准，一般以量化的打分方式为主，同时应注意实施可行性。

一般查新报告评价可从四个方面展开：规范程度、完整程度、表述准确程度和结论准确程度。

规范程度：查新报告具有固定的格式，应该按照《科技查新技术规范》（GB/T 32003—2015）规定的统一格式撰写。查新报告的格式规范程度应以扣分制展开，如常见的文献数量或者数据库数量不填写等，应该扣除相应的分数。

完整程度：查新报告的各个部分必须完成。此外，国内外查新还应包括项目英文题目、中英文关键词、中英文检索策略等；还应包括查新员查新过程中，针对查新内容使用的检索工具和时间范围、数据库选择是否完整、专业数据库是否添加或者补充等。

表述准确程度：查新点和查新结论是考察查新员表述能力的两个重点。根据审核员审核过程，为查新员的表述准确程度打分。

结论准确程度：查新结论是否准确得当，主要包括文献检索准确程度、文献描述准确程度、文献和查新点对比准确程度及结论准确程度。

同时，查新咨询专家和同行专家给予的反馈同样应纳入评价，尤其是重大错误的勘正等。

查新报告的完整评价应该以审核员为准，审核员给出的四个方面的评价分数，结合其他条件，综合评定报告等级。整体科技查新报告的评价应该以全年或者季度性评价为主，一般应该以系统性、科学性、计量性和实践性作为原则。

系统性原则指的是评价的四个指标要覆盖整个查新报告的质量问题，并且相互独立，不能一个指标反映两个问题或者两个指标均与一个问题相关。将指标综合起来考虑，可以全面严谨地反映报告质量，不造成片面性，也不造成孤立性，能够系统地反映每一份独立报告的质量。

科学性原则指的是评价的四个指标能够准确反映每一份独立查新报告的质量问题，指标的设立能够与报告中的质量问题对应，并且明确无歧义。尤其是针对不同学科背景的查新报告，具有可对比性，能够在一定范围内得到科学认可。

计量性原则指的是评价的四个指标能够按照分数等级划分，例如划分 0 ~ 10 级，按照从低到高对每一个指标进行分数或者分级评价。避免主观的好或者不好评价，特别是处于中间状态的报告，需要在分数或者分级上明确表示，以便查新员加强具体某个方面的能力锻炼。

实践性原则指的是指标的设计和评价具有可操作性，每一个指标形成以后能够对查新报告的质量提高起到促进作用，同时在实际工作中要具有便捷性，不能将指标设计太具主观性，使得指标数据难以获取，另外也不能使指标数据差异度太小，避免未来指标使用中存在难易区分问题。此外还要考虑指标的通用和易于解释程度，方便未来在查新中心的评价中发挥作用。

建立和应用查新质量评价指标体系，可以促进查新质量评价的科学性、权威性，一切查新咨询程序全部受控的全过程质量控制，使查新咨询质量管理达到全员、全方位和全程质控的目的。

1.6.2.2 查新人员评价指标体系

查新人员是查新工作的基础，是开展查新服务最重要的主观因素。虽然每一份独立查新报告，审核员都会对查新报告进行审核，但建立长久有效的查新人员评价体系，包括对审核员的评价，有助于查新中心工作的良性循环。

查新人员所具有的专业知识背景、计算机应用能力、外语水平及服务意识、沟通能力、主动性和协调性等，虽然在入职或者成为查新员时，已有基本符合要求，但开展查新工作以后，还是要对这些要求进行评价，以便查新员更好地提升自己水平。

（1）查新员基本要素评价

查新人员在展开一段时间的查新工作以后，审核员首先应对查新员进行初步评价，如查新员的检索技能、英语水平、语言组织能力等方面。另外，要建立长期评价制度，例如季度或者年度评价；还要从查新报告无法反映的方面进行评价，如与委托人沟通方式和效率、查新报告完成时效性、查新报告收费沟通环节等（部分查新中心查新与收费分属不同部门，应视情况考虑）。

（2）其他查新人员评价指标

审核员作为查新报告的最后一道质量保障线，已有职称和从业时间作为基本要求，但也要建立长久的评价制度，敦促审核员认真有效地完成审核工作。审核工作的评价指标主要针对有问题报告的反馈程度、针对查新员的督促和教育程度、针对查新报告整体质量的提升程度等方面进行。

一般而言，领域专家与同行专家非查新全职人员，而且争取到合适的领域专家是非常难能可贵的事，但这并不意味着领域专家在科技查新方面的工作就无法评价。首先应建立专家意见反馈统计，统计有效反馈意见，甚至有些时候会有错误意见，需要仔细甄别。其次要特别注意专家的时效问题，有些查新可能会因为专家意见反馈不及时造成延误。最后是注重专家的其他方面，例如专家职称或者行政职务上升，必然会造成其工作繁忙，适时地引入新的领域专家，能保证查新工作的顺利展开。

1.6.2.3 查新效果质量评价

(1) 查新报告流程评价

科技查新报告的质量评价和控制中，容易被忽视的就是工作流程问题。由于科技查新主要是人力工作，工作流程的规范化很难体现在业务水平中，但仍是不可忽略的一个环节。例如在查新检索中，如果工作流程规定必检数据库和参检库，那么就可以减少因为主观因素带来的文献检索的遗漏等。查新报告作为规范的书面材料，是代表查新被委托人对研究成果的真实材料，查新中心在报告的格式和书写上一定要严格遵守标准，不能因为报告书写存在的问题，给委托人带来不利后果，尤其是格式问题，因此要求报告撰写完成以后应该有格式检查的步骤，而且查新中心在内部允许的情况下，应展开查新员互查活动，既能发现查新报告中的明显问题，也能利用查新报告的检查相互交流，促进共同进步。查新报告的流程管理应该有明确的规章制度，并且以准确的流程图展示，也能给用户以严谨的态度，提升查新中心的信任感。

(2) 查新员服务成效评价

查新报告的成效评价是容易被忽视的另一个步骤。例如立项查新完成以后，委托人是否成功申请了项目；申报奖励查新报告是否帮助委托人成功获得奖励，等等。当然，查新报告在其中发挥的作用有限，项目立项和奖励确定还需要其他更重要的因素，但如果最终查新目的达到，对于查新员也是一种激励。用户满意度是另一个重要指标，通过回访用户，了解查新过程中存在的问题，并且及时更新改进，是促进查新工作质量的重要环节。例如在信息化时代，展开全网络委托、全程快递等服务，能够极大地提高客户满意度。总结服务成效，有针对性、循序渐进地修正和改善目前工作中的问题或者弱项，有助于提高查新服务质量。

1.6.3 查新中心质量管理

1.6.3.1 查新中心建设

查新中心的基础条件为查新中心的工作提供了保证，例如电子资源的购买、资源使用培训和查新工作的创新培训等。规范的资源体系不仅要符合查新规范中要求的具有 15 年以上国内外有关专业和综合性检索工，同时应该根据查新中心的特点，订购相应的专业、特色数据库，以满足查新要求。国内外不同资源应该采取不同方式保障，至少应该确保文献传递的畅通。

查新中心的人员人才建设应该科学化。查新中心在建立之初，一般是由图书馆从业人员转变而来，具备的知识结构以信息检索和图书情报为主。此后查新中心的发展则应优先考虑专业人员，尤其是理工科、医学背景等人员。在人才培养方面也应分情况展开。针对图情专业人员，应鼓励参与专业背景调研，每个人应该选择一个方向进行深入研究，针对性地参加学术报告等活动；针对专业背景人员，应该及时组织进行计算机及信息检索能力培训、查新规范与规章学习等。此外，还应对所有人员进行英语培训，以便适应越来越广泛的国外资源。

查新中心的人才在晋升方面一直处于弱势。科研单位职称晋升通常以学术论文作为主要依据，但查新中心工作决定了查新人员在论文发表方面处于劣势。因此查新中心的人员考核和晋升应该综合考虑。首要考虑查新人员的工作量，其次考虑查新人员的综合技能及工作质量评价，从定量化和定型化的角度综合评定。

查新中心工作规章和流程的建设应该现代化。我国在 1990 年就公布了一批查新机构单位，之后陆续公示多批查新机构。部分查新中心工作规章制度从公布日起就开始建设，但随着科学技术的发展和进步，原有的查新制度可能已经不能适应目前的科研环境。针对查新工作，系统性地更新原有规章制度，是目前查新中心工作和流程现代化建设的保证。

1.6.3.2 查新中心信息化建设

（1）建立查新中心网站

目前大部分查新机构建立了相应的查新中心网站，负责查新中心的业务介绍、网络委托和缴费等功能。从宣传角度看，查新中心网站的建设有助于推广和扩大查新业务，同时也能直观地展示查新中心业务内容，避免重复性的用户问答工作。全网络委托方式也极大地方便了用户，实现足不出户就能完成科技查新委托、沟通和缴费工作，结合快递服务，极大地减少了用户的时间成本。但目前查新中心的网络建设五花八门，既有固定模式的开发设定，也有自主建立的网站，如何在确保安全的情况下，实现网络化管理，还需要进一步研究。

（2）建立查新中心档案管理

查新中心的档案管理是很容易被忽视的地方。一方面由于查新中心的人手紧缺和工作繁忙，很难建立有用的档案数据，大多以简单的电子文档形式存储在查新员电脑中。另一方面，查新中心长期以来的被动服务模式，还没有意识到用户档案管理的好处。

建立历史查新报告数据档案，可以有效地建立专题库，针对现有的查新任务，在历史数据档案中查询到相关报告，可以迅速了解相关内容，加快查新任务处理流程。同时也能够避免用户利用改头换面进行项目查新，杜绝查新内容和查新点的重复。

用户关系的建立，则有助于查新中心的长期稳定发展。了解用户的基本专业背景有助于快速展开查新任务，同时查新过程中也可以与用户展开良好互动，例如将最新的文献信息、全文信息等提供给用户，建立用户对查新人员和查新中心的信任感，促进长期合作。立项项目查新以后，可根据以后遇到相同的研究进展或者成果查新，在不违反保密原则的情况下，给用户或者课题组提供最新的研究动态，为用户提供深层次服务奠定基础。

1.6.3.3 查新市场管理

一般查新中心都属于事业单位或者高校机构，并不是真正的市场化主体。目前国家鼓励企业创新，尤其是地方项目中，企业查新占比较多。查新中心应该抓住企业查新的机会，面向企业需求、存在问题进展深入挖掘，争取深层次服务。同时查新中心应当积极发挥第三方科学评价的作用，为政府和决策层提供足够的参考依据。

查新中心也应该改变等用户上门的习惯，积极推销自己。例如，深入地级市一级的科技主管部门展开合作，与各地创业中心等联合，为地方科技创新和经济发展贡献力量。查新中心的管理也应随市场变化，如非高峰期可以适当进行价格优惠，或者推行服务优惠月活动，从而扩大自己的市场竞争力，主动成为科技创新的推力。

1.6.3.4 查新中心共同发展

查新协会的成立，有助于查新中心的长期发展。行业协会会对查新服务进行更加规范的统筹管理，展开长期的查新工作规划，避免恶性竞争。行业协会还能开展内部培训与交流，全面提升查新中心人员素质和工作水准。行业协会也可以对科技查新的一些概念性问题和表述性问题展开讨论，必要时以行业协会名义规范发布相应的解释，避免各查新中心形成冲突。同时，行业协会内也可以建立相应的查新中心评价体系，组织相应的科技查新咨询专家和同行专家，建立同行评议制度，解决部分查新的争议问题。此外，行业协会还可以协调各查新中心的资源建设、数据库建设和档案沟通，共同促进查新工作进步。

全国首家省级科技查新咨询行业协会——浙江省科技查新咨询协会成立于 2005 年，是由浙江省科技信息研究院、浙江大学、浙江省农业科学院、浙江省医学科学院等 4 家联合发起的，由省内具有科技查新资质的科技查新机构和经过科技查新专业业务培训，并取得了查新资格的科技查新人员组成。

1.7 科技查新的发展与政策法规

我国的科技查新工作开始于 1985 年，最初在医药卫生和国防科工领域开展，随后，原国家科学技术委员会（现为科学技术部）逐渐开始推动科技查新行业的发展，并加强对科技查新工作的规范化管理。

自 1985 年我国实施《专利法》，一些科技情报机构配合检索各国专利开展了专利查新工作。

1987 年、1988 年国家科学技术委员会分别颁布了《科学技术成果鉴定办法》及《科学技术成果鉴定办法若干问题的说明》，把“情报评价”引入成果管理程序，为专家评议提供全面、准确的“鉴证性客观依据”，弥补专家对信息掌握的某些不足，提高专家评议的准确性。

1990 年 10 月国家科学技术委员会印发了《关于推荐第一批查新咨询科技立项及成果管理的情报检索单位的通知》，授权 11 家文献信息单位为一级查新单位。

1992 年 8 月国家科学技术委员会制定《科技查新咨询工作管理办法》，并起草了《科技查新咨询工作管理办法实施细则》。

1994 年起国家科学技术委员会陆续授权 38 家各省（部委）主要情报机构查新资格。

2000 年 12 月科学技术部颁布《科技查新规范》和《科技查新机构管理办法》（国科发计字［2000］544 号），自 2001 年 1 月 1 日起施行，标志我国查新工作进入法治化轨道。

2004 年 4 月 13 日教育部发布了《关于进一步规范教育部科技查新机构工作的意见》，截至 2004 年年底，教育部在全国高校分 7 批设立了 108 家“教育部科技查新工作站”。

2009 年 6 月 15 日教育部出台了《教育部科技查新工作站查新报告撰写规范（试行）》，2013 年 4 月进一步完善并修订了《教育部科技查新工作站查新报告撰写规范》，用于指导撰写教育部科技查新工作站出具的查新报告。

2015 年由中国科学技术信息研究所牵头，全国主要情报机构参与，制定了 2015 版国家标准《科技查新技术规范》（GB/T 32003—2015），该规范于 2016 年 4 月 1 日开始实施。

2 科技查新工作流

随着科技不断进步发展驱动创新，各类查新项目委托数量越来越多，科技查新工作面临着多样化的挑战，如何规范工作流程、提升科技查新咨询工作效率和服务质量、优化用户使用感是科技查新从业人员需要面对的共同问题。基于此，结合工作实际，建立科技查新工作流，通过探讨分析工作流程中存在的不足，提出相应的解决路径，构建基于工作流的自动化查新系统，以期为用户提供更加优质高效的科技查新服务。

2.1 科技查新工作流概述

2.1.1 工作流的定义

工作流（workflow），是对工作流程及其各操作步骤之间业务规则的抽象、概括描述，是指“业务过程的部分或整体在计算机应用环境下的自动化”。工作流的产生主要是为了实现某个业务目标，利用计算机在多个参与者之间按某种预定规则自动传递文档、信息或者任务。[①]简单地说，工作流就是一系列环环相扣，互相衔接进行的业务活动。一个工作流包括一组任务及它们的相互顺序关系，还包括流程及任务（或活动）的开始和结束条件，以及对每一任务环节的描述。

① https://baike.baidu.com/item/%E5%B7%A5%E4%BD%9C%E6%B5%81/1094099?fr=aladdin.

工作流的概念起源于办公自动化领域，是针对日常中具有相对固定模式的工作流程而提出的一个概念，目的是通过将工作分解成对应的角色或任务，按照一定的程序和规则来执行系列任务，以使其达到提高工作效率、实时控制过程、提升对客户的服务、高效管理业务流程等目的。尽管工作流已经获得了相当多的认可，但目前对工作流的定义还未有统一和明确的规范。其中，Georgakopoulos 给出的工作流定义是：工作流是将一组任务组织起来以完成某个经营过程；定义了任务的触发顺序和触发条件，每个任务可以由一个或多个软件系统完成，也可以由一个或一组人完成，还可以由一个或多个人与软件系统协作完成。①

工作流技术起源于 20 世纪 70 年代中期办公自动化领域的研究，由于当时电子计算机和网络技术水平尚未普及，工作流技术并未得到普遍认可。

含有工作流特征的商用系统的开发始于 1983 年至 1985 年间，早期的商用系统主要来自图像处理和电子邮件领域。图像处理需要流转和跟踪图像，工作流恰好满足了这种需求；电子邮件系统采用了工作流思路，将原来点对点的邮件流转改进为按流程来进行。

随着相关的技术条件逐渐成熟，20 世纪 90 年代后，工作流系统的开发与研究进入了一个新热潮。多种软件声称支持工作流管理或者拥有工作流特征，工作流技术被应用于软件工程、银行业、科学研究、卫生保健、电信、金融业、交通运输业、办公自动化领域及制造业等。

1993 年 8 月，工作流技术标准化的工业组织——工作流管理联盟（WfMC）成立。1994 年，工作流管理联盟发布了用于工作流管理系统之间互操作的工作流参考模型，并相继制定了一系列工业标准。

进入 2000 年以后，随着 Web 服务技术的兴起，多个标准化组织制定了各自和工作流技术相关的 Web 服务标准，如 XLANG、WSFL

① https://baike.baidu.com/item/%E5%B7%A5%E4%BD%9C%E6%B5%81/1094099?fr=aladdin.

等。2002 年 8 月，IBM、Microsoft 等企业联合提交并发布了 BPEL 规范。

随着工作流技术取得了巨大进步，关于工作流技术的学术研究也十分活跃。现有的工作流管理系统具有图形化、可视化设计流程图、组织结构及处理者指定功能、处理过程可跟踪、管理、丰富的统计、查询、报表功能、与 MAIL 系统集成等特点，广泛应用于制造业、电信业、银行证券保险公司等金融服务业、物流业、物业管理服务业、消费品行业、进出口贸易公司，跨国企业和集团公司、教育服务业及政府机构、研究院所等行业和组织。

2.1.2 科技查新工作流的概念

科技查新工作，需要根据查新委托人提供的需要查证其新颖性的科学技术内容，按照《科技查新规范》操作，经过文献检索与对比分析，并做出结论。依据《科技查新规范》要求，科技查新程序包括委托与受理、检索、撰写查新报告、查新审核、出具查新报告、复审和文件归档等步骤。

科技查新工作流程是指科技查新过程中各工作环节的安排。结合工作实际，以中国科学院兰州查新咨询中心为例，设计适用于中国科学院兰州查新咨询中心的规范化查新流程。首先，用户咨询相关事宜，如出具科技查新报告的时间、费用及如何进行委托和整个查新过程的流程。用户确定提交委托后，根据查新员手中任务量和擅长的专业领域等因素，分配至对应的查新员。接着，由查新员与用户再次沟通核实查新委托单中的内容是否填写合适，确定无误后开始进行检索，通过对比分析文献，撰写报告。当完成初稿后，查新员主动联系用户，办理相关费用，提交审核，出具科技查新报告。最后，将报告的电子版进行存档，并进行保密处理。

由于科技查新的工作流程具有相对固定的模式，需要与用户进行实时的沟通与联系，并且需要对庞大的查新数据（如委托项目数量、查新目的、查新范围、委托机构性质等）进行统计分析管理，对用户群体进行跟踪回访，完善查新过程中的缺陷。而工作流管理系统具有处理过程可跟踪、管理、丰富的统计、查询、报表功能、与 MAIL 系统集成等特点，使得工作流也可以适用于科技查新行业。

同时，工作流程信息服务必须符合科学技术部制定的相关科技查新流程，相关从业机构在设计查新报告时，必须根据自身的实际情况，对科技查新服务模式进行全过程管理。通过整合信息的系统化和流程化，分配各个环节职责，保证科技查新各个环节更加精确化和制度化。

条理清晰的工作流程有助于科技查新工作形成流程化、规范化和制度化，对提高科技查新工作效率和科技咨询服务质量有重要的指导意义。

2.2 科技查新工作流程

2.2.1 委托及受理

2.2.1.1 委托流程

科技查新委托是指拥有查新要求的自然人、法人或者其他组织，将查新事务委托给查新机构的过程。根据《科技查新规范》和《科技查新机构管理办法》，查新委托的一般程序如图 2.1 所示。

查新委托人在处理查新委托事务时可以参照下列步骤进行：① 自我判断待查新项目是否属于查新范围；②根据待查新项目的专业、科学技术特点、查新目的、查新要求及需要查证其新颖性的科学技术内容，自由选择相关查新机构；③ 向查新机构提交查证其提供科学技术内容新颖性的所必需材料。

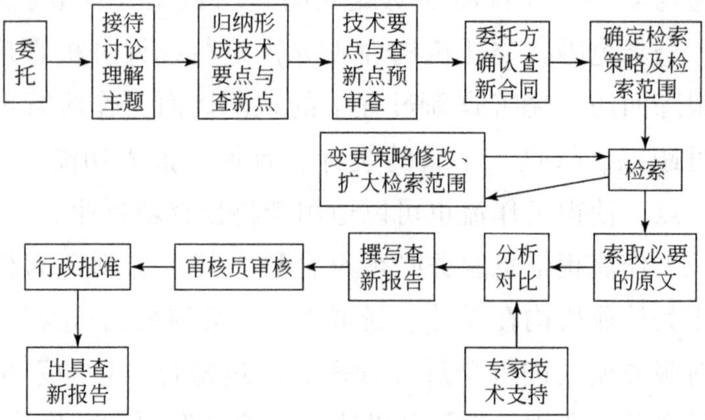

图 2.1 科技查新流程委托

查新委托以用户填写并提交查新委托单的形式完成。通常情况下，查新机构会制定自己的委托单，但是不同机构的查新委托单的内容大同小异。查新委托人可以直接向查新机构索取或者直接从网站下载、填写并提交查新委托单。下面以中国科学院兰州查新咨询中心的查新委托单为例说明。

(1) 查新委托单

查新委托单如图 2.2 所示。

中国科学院兰州查新咨询中心科技查新委托单

编　号:　　　　　　　　　　委托日期:________

查新项目名称	中文					
	英文					
委托人	机构名称					
	通信地址					
	邮政编码		电子信箱			
	负责人		电话		传真	
	联系人		电话		传真	
查新机构	机构名称	中国科学院兰州查新咨询中心	通信地址	兰州市天水中路 8 号	邮政编码	730000
	联系人		电子信箱			
	传真	(0931) 8271341	电话	(0931) 8274297		

续表

查新项目名称	中文	
	英文	

一、查新目的及查新范围

☐ 立项查新（申报计划、开题）:______________________ 范围：☐国内 ☐国内外

☐ 成果查新（成果鉴定、申报奖励）:______________________ 范围：☐国内 ☐国内外

☐ 其他（请注明）:______________________ 范围：☐国内 ☐国内外

二、查新项目的科学技术要点（充分反映出查新项目的概貌，简述项目的背景、技术问题、解决技术问题所用的方案、主要技术特征、技术参数或指标、应用范围等相关技术内容。如填写不下，请另附）

三、查新点（着重说明该查新课题要求查证新颖性的部分，即体现该项目新颖性的全部技术创新点，如涉及内容、理论、方法、结构、工艺、配方、技术指标等等方面的创新点，如填写不下，请另附）

四、委托人提供的资料

☐ 开题报告 ☐ 研制报告 ☐ 总结报告 ☐ 成果申报表 ☐ 专利说明书

☐ 产品样本 ☐ 检测报告 ☐ 用户报告 ☐ 技术报告 ☐ 可行性报告

☐ 报奖材料 ☐ 其他（请注明）:

份数： 密级：

☐ 发表论文： ☐ 参考文献：

五、中英文检索词

中文 英文

（以下由查新员填写）

检索结果：

费用	查新报告费	加急费	原文获取费	邮费/传真/长话	其他	合计	

预付款：

查新员： 报告完成日期：

备注：

图 2.2 查新委托单样例

(2) 查新委托单填写说明

为了让查新员更加全面准确地理解查新项目的主要研究内容及创

新点，查新委托单需要由项目负责人或了解项目情况的研究人员填写。涉及国内外科技查新时，需要同时准确无误地填写中文与英文名称，并且原则上应该与立项申请书或成功鉴定书的项目名称一致。

1）查新目的及查新范围。科技查新实质上是第三方提供的有关委托查新项目的新颖性的鉴证性工作，为了正确地判断项目的新颖性，准确地了解用户的需求，分析查新项目的内容是关键。

从不同的角度出发，可将个性化的查新项目分为不同的类型，具体如表2.1所示。对不同目的的查新，从写法上要有所侧重：①立项类科技查新委托单应在科学技术要求点栏，概述项目的国内外背景、计划研究的主要内容和想要通过查新解决哪些问题及要达到的具体目标（指标）。②成果鉴定类科技查新应简略说明项目的研究背景，介绍项目的主要研究内容、方法、理论等，同时突出已完成的项目与现有同类研究、技术、工艺相比主要区别，体现项目的创新之处及技术水平量化指标数据。③其余类别科技查新（如博士开题、项目开发类科技查新），原则上也应从项目研究背景、主要研究内容、采用的方法技术手段、得到的研究结论、主要技术特征、技术参数或指标、应用范围等几方面叙述清楚。

表2.1 查新类型及特点

出发点	类型	特点
用户需求	立项查新	**目的**：通过查新，进行国内外文献检索，对拟定的研究内容新颖性和实施必要性进行评价。对课题组已掌握的资料信息进行评价并完善项目的总体方案 **对于项目管理部门**：通过文献情报学方面的审查，保证申报项目具有新颖性，避免科研项目低水平重复 **对于科研人员**：提供该项目当前国内外的研究现状及评价，以全面、准确地掌握国内外的有关情报；可完善欲立项目的总体构思，缩短研究周期

续表

出发点	类型		特点
用户需求	成果查新	基础性研究查新	由于其具有较强的探索性、不确定性以新颖性，常常会出现一些新的概念、新的想法。一般要求用户提供自己已公开发表的论文；此外，一般会在国内外范围内进行查新
		应用技术类成果查新	应用技术类成果查新的新颖性主要体现在：技术方法（新材料，新方法）、工艺（途径、集成）、结果（指标、参数）、技术应用（新地区、新的领域）等方面，是查新主要类型
		软科学研究	软科学研究包括规划、管理、评价体系、对策研究、方法预测、可行性研究等。技术要点撰写应涉及研究背景、项目研究意义，创新的主要观点、方法或理论，本项目与同类项目的不同之处，以及改进措施后的效果等。查新点应提炼出研究框架、指标评价体系、模型等。一般查新范围确定在国内
新颖性范围	国内查新		在中文文献范围内查询新颖性 国外技术消化、吸收、改进项目；跟踪或模仿国外先进技术的项目；在国内有应用市场的项目；一般的中小型项目
	国内外查新		在中外文文献范围内查询新颖性 重大项目申报、奖励；基础性研究项目；在国际上认为具有创新性的项目
研究项目的规模、难度	重大项目：指在国际上，一个国家（地区）或一个学科领域内的重大（重点）科技立项或所取得的重大（重要）的科技成果。重大科技查新项目具有创新性、攻关性、探索性、综合性、系列性、广泛性、长期性，研究机构多为合作性、国际性、全国性，项目负责人多为首席科学家、学科带头人、院士等，成果水平国际先进、国内先进，研究技术“高、精、尖、深、广”，研究领域多为交叉学科、新兴学科、空白领域		
	技术、应用类项目		
	中小企业创新基金项目		
	中学生科技创新大赛项目		

2）查新项目的科学技术要点。填写科学技术要点时，应该充分反映出查新项目的概貌，简述项目的背景、技术问题、解决技术问题所用的方案、主要技术特征、技术参数或指标、应用范围等相关技术内容。

3）查新点。查新点一般从科学技术要点中提取，是关键的科学技术要点部分，需要注意的是不要把查新项目中的一般性技术特征列为查新点。查新点部分应着重说明该查新课题要求查证新颖性的部分，即体现该项目新颖性的全部技术创新点，如涉及内容、理论、方法、结构、工艺、配方、技术指标等方面的创新点。查新点的创新之处，既可以是理论方法上的，也可以是技术工艺上的，还可以是综合多项技术成果，结合多类交叉学科等，但不包括管理理念、教学方法等的创新等。

查新点是查新从业人员根据用户提供的检索词，结合数据库初步检索，制定合适的检索策略，进行文献的对比分析，判断查新点是否具有新颖性。查新点的书写范式需要简单明了，逻辑清晰。当委托人提供多个查新点时，应以 1，2，3 来标记查新点，逐条列出，以便分别针对每一个查新点作新颖性结论。查新点切忌大篇幅主观描述，缺乏客观实际的研究内容。例如，“首次开展×××研究”“填补了国内（外）空白”“××成为最佳/最优方案”等主观描述性语句不能写进查新点。

4）委托人提供的资料。查新委托人在处理查新委托时，应当尽下列义务：①向查新机构提供下列查新所必需的资料：查新项目的申报相关资料；项目相关技术性能指标数据；查新从业人员查新时所必需的其他资料。查新机构也要遵守科学技术保密法。可能存在的问题：因为科研机构保密要求，委托人员不能提供相关信息。②尽可能提供下列查新所需要的资料：参考检索词，包括中英文对照的查新关键词、关键词应当从查新项目所在专业的文献常用词中选择；同类研究内容的相关科学技术背景材料；参考文献需列出项目相关人员/课题组发表的相关国内外文献（含著者、题目、刊名、年、卷、期、页）、专利（专利号）等，以及与项目研究内容密切相关的文献，以供查新员在检索时参考。

《科技查新规范》同时还规定：查新委托人所提交的资料应当真

实，用词准确，能够满足完成查新任务的需求；可以是项目结题报告、研制报告、立项报告、科学技术报告、检测报告等。

5）中英文检索词。检索词应从查新项目的查新点或科学技术要点中抽出，同时应属于查新项目常用词汇。化学物质除提供化学名称外，应尽可能提供其俗称、分子式、结构式。因为查新员来自不同学科不同背景，为了全面掌握项目相关学科背景，还需有效地获取用户的查新需求，与用户进行有效的沟通联系。

2.2.1.2 委托方式

为方便用户委托，针对原有科技查新在线委托平台进行了升级更新，新平台操作更加简便、体验更加人性化，通过网站注册登录在线提交，可实现业务委托、报告领取、缴费及发票领取等环节一站式服务，同时，也依旧保留现场委托的途径，供用户根据自身需求选择委托方式。

1）到馆委托：用户到馆使用公用电脑登录“中国科学院查新咨询中心查新平台”（http://chaxin.llas.ac.cn），填写提交《科技查新委托单》，当面洽谈，经初步协商确定查新点后根据规范流程及当前任务量协商完成时间。

2）网上委托：登录“中国科学院查新咨询中心查新平台(http://chaxin.llas.ac.cn)”，注册账号后在平台上登录，选择对应项目，填写相关信息，并提交委托。平台收到委托后，查新工作人员会及时通过电话或邮件联系，确认受理情况，如果未接到答复，需电话联系。

2.2.1.3 受理与沟通

在中国科学院兰州查新咨询中心查新平台以查新管理员身份登录后，收到用户在线提交的查新委托，点击委托界面，进行初步处理：①根据查新员手中工作任务及对应负责的学科范围，确定具体负责的查新员；②初审检查新委托人提交的资料是否填写完整，填写内容是否符合查新委托单书写规范；③初步判断查新委托人提交的资料内容是否真实、准确；④结合数据库初步检索，判断查新委托人提出的查新要求能否实现；⑤结合目前工作量，确认能否满足查新委托人的时间要求；⑥初步判别科学技术要点的全面性及查新点的书写是否规范。

通过以上步骤的初步受理后，与用户沟通确定查新点的内容，及出报告的时间与相应费用。经与用户反复核实后，开始进一步的查新。

2.2.2 检索

2.2.2.1 审题确定查新范围

在进行查询检索前，查新员要做好以下几项工作：①全面、仔细地分析查新委托单，特别是科学技术特点、查新点与查新范围。②明确查新目的是立项查新还是成果鉴定查新。③确定项目的主要研究内容和学科范围，使查新点能准确地反映查新项目的核心内容。④确定检索文献的类型（如期刊论文、硕博士论文、专利等）和检索的专业范围、时间范围。⑤通过不断地缩放检索词，制定可实施、周密、科学的检索策略。

依托中国科学院丰富的馆藏资源，根据对应的查新项目所属学科范围，选择相应的数据库进行检索。国内查新涉及常用中文检索数据库及搜索引擎有 15 个。国内外查新除 15 个常用的中文检索数据库，外文检索数据库还包含综合类、专利、生态环境、数值数据、生物、化学、医学、物理、电子、计算机、材料、地学、航空、航天等多个学科领域。

2.2.2.2 抽词、制定检索策略

在查新点确定之后，应该仔细阅读查新项目提供的相关资料（如项目申报书、开题报告、工法申报表等）、技术要点介绍等，通过与委

托用户的全面沟通来确认研究的实质内容，可以从委托课题的技术领域、背景技术（要解决的问题）、为解决问题所采用的方法、手段或设备以及研究的时空范围等方面进行综合分析，同时要注意挖掘出隐性主题，将抽象概念具体化，从而分析出查新点的技术主题，同时要找出核心概念，排除无关及重复概念，提炼出最具代表性和指示性的主题要素。参考用户提交的检索关键词，适当结合所选数据库的标引特点，充分利用已有的工具书、检索工具、网络信息等途径，确定符合检索要求的具体检索词。

在确定检索词时要注意遵循以下原则：

1）尽量选择行业内的惯用的专业术语、专指词。例如，涉及化学物质制备、合成等方面的研究可以考虑使用化学物质登记号，这样就能最大限度地保证查全率。

2）尽可能全面地收集同义词、近义词、别称、缩略语、全称与缩写、替代词及外文的不同拼写形式，如检索效果不理想，还需考虑上、下位词；如果遇到一些较新、冷僻的专业检索词，且在工具书中也不易查找到的，可以使用全文数据库中检索到相关文献中国内同行论文的中外文关键词、文摘和全文中的相关的关键词进行检索，如果是外文检索还可以使用外文数据库国外同行相关文献中的关键词和文摘中的关键词进行检索。例如，杀虫剂表达形式包括杀虫剂、杀虫液、杀虫水、杀虫面、杀虫粉等；杀虫的同近义词包括灭虫、除虫、驱虫等；发光二极管的缩略语为 LED 等；英文词可采用“词根+截词符”方式：heat *（各个数据库的截词符存在差异），就可以将 heat、heated、heater、heating 等形式包括进来。

3）要充分考虑所选数据库的标引特点，要注意避免使用功能词和禁用词以及部分过于泛指和使用频率过高的实词。例如，“实验研究”“方法”“工艺”等过于泛指，在实际检索中就很少使用。又如一般专利数据库都没有对技术概念表达进行规范，同一个概念的表达存在着各种形式，在进行检索时要尽可能收集全同义词、近义词、别称、缩略语、全称与缩写、替代词等形式，以防发生遗漏。

4）应考虑检索词在数据库中可能存在的字段，以及检索词在文章中的位置和深度。例如，涉及某些参数细节的检索词很可能只出现在全文中，如针对查新点“线性 SBS 改性剂在沥青中的极限掺量为 9%”，参量的具体数据大部分都在全文中才详细说明，如果只是在主题词（题目、关键词、文摘）中进行检索，就一定会发生漏检。

5）针对一些有很好分类体系的数据库，分类号也是一种重要的检索词。

例如，针对专利数据库称谓混乱的情况，国际专利分类号（IPC）是国际上通用的专利文献分类法而得到的分类号，就可以将一类的专利聚集在同一个分类号下。

查新检索式策略的制定是查新工作的重要一环，将直接影响着检索效果，对检索结果起着举足轻重的作用。检索式是检索策略的具体体现。在确定好检索词以后，根据查新委托项目的技术主题及数据库的检索要求，围绕查新点将抽取的检索词通过合理使用的位置算符、逻辑算符等进行合理的逻辑组配，这就构成了检索（算）式。针对查新点的各个技术角度，编制出反映查新点内容的多个检索式。编制的检索式应当要尽可能全面地反映项目的查新点，要符合所查数据库的检索规则。

对查新而言，就是要验证委托项目的新颖性，因此对于检索结果，首先要保证检全率，查全才能如实地反映出课题的新颖性，防止低水平重复。但是，检索策略的制定，与查新人员检索水平的高低、同用户沟通能力、对课题的理解、专业知识的积累等有着直接的关系，不同的查新员对同一个查新委托课题制定的检索式也可能是不同的，这给后续的查新审核、回溯检索等工作带来了很多的困难。因此，我们参考国家知识产权局专利技术主题检索要素表的格式，制定并填写科技查新技术主题检索要素表（图 2.3）。

技术主题1					
检索要素	检索要素1	检索要素2	检索要素3	…	要排除的检索要素
检索要素名称					
中文主题词					
英文主题词					
分类号					
技术主题2					
检索要素	检索要素1	检索要素2	检索要素3	…	要排除的检索要素
检索要素名称					
……					

图2.3　科技查新技术主题检索要素表

可以看出，科技查新由于可以有多个查新点，从而可能有多个技术主题，此外，分类系统也不仅仅只是专利分类，也包括一些专业的体系分类等。通过这个表格，可以清晰地看出查新员对课题的认识，以及可能用到的检索词，这样就保证了后续工作的一致性。

2.2.2.3　优化检索策略

科技查新的目的，首先是从文献的角度确定课题的新颖性，其次是通过相关文献的提供，为其先进性程度的科学决策提供参考。因此，较高的查全率是查新工作的首要目标，遗漏了主要类似文献，整个查新工作实际上就是存在问题的。但是，实际工作中，检索策略确定后，并不能保证取得很好的检索结果。通常是，检索式确定后，进入具体数据库实施检索时，需要对检索结果的有效性进行初步评价，发现密切类似相关文献即可确定检索策略有效，仅发现一般相关文献即可确定检索策略部分有效，需进一步优化检索策略确认是否真的不存在密切相关文献；未发现相关文献一般需重新梳理检索过程，调节已有的检索策略，重复上述的优化、评价过程。因此，制定检索策略（编制检索式）的过程是一个反复尝试、提炼的过程。

2.2.2.4　检索结果

(1) 检索结果的归类

首先简述检出的国内外文献总数及从中筛选出的与项目查新点具有可比性的相关文献数量；对以上相关文献按其与项目查新点的相关程度分为密切相关与一般相关文献，各指出其数量；密切相关文献是指其内容足以使项目查新点部分或全部失去新颖性的文献；对检出文献的相关程度分析，密切相关文献可直接引用其原文中与查新点的核心内容；一般相关文献可逐篇对其研究内容作简要说明，或对同类文献作综合概略说明。相关文献可按国内、国外分别列出。

(2) 检索结果分析注意事项

检索结果的分析应注意相关文献是否与查新项目的主题确实相关；是否发现与查新点内容相同的密切相关文献；相关文献是否全面具有可比性，能否成为撰写查新结论的依据；国外文献的译文是否确切；用户自己发表的文献是否漏检；检索结果中的文献分析是否有深度，能够据此对项目的新颖性作出判断。

查新员应当根据查新点，将检索结果分为密切相关文献和一般相关文献。“可对比文献”这部分应当反映出通过对所检数据库中的相关文献情况及对相关文献的主要论点进行对比分析的客观情况，并包括下列内容：①对所检数据库相关文献的题目，主要研究内容进行简单描述；②将相关检出文献分为国内、国外两种情况分别依次列出；③对所列主要相关文献逐篇进行简要描述（一般可用原文中的摘要或利用原文中的摘要进行抽提)，对于密切相关文献，可进入原文查看详情，并详细描述相似研究。

1）相关文献的选择。相关文献认定围绕查新点进行，衡量的标准是看检出文献中的技术内容与查新点提供的技术方法等信息的相符情况。科技查新的目的是对项目的新颖性进行查证，衡量一个项目的新颖性是以查新点作为基准进行对比分析，得出是否具有新颖性的结论，而不是针对查新项目的全部内容。根据《科技查新规范》定义，相关文献是指与查新项目主题相关的同类项目的文献，故而相关文献应与所查项目属于同类研究。选择相关文献的目的是进行对比分析，因此其必须是可比的，否则不能作为相关文献。

2）相关文献的划分。根据文献的技术内容与项目查新点间信息符合程度，即相关度情况，检出文献可分为无关文献与相关文献两大类。相关文献又分为一般相关文献和密切相关文献。在查新工作中，由于没有明确的标准判定何为密切相关文献，何为一般相关文献，因此对于相关文献的划分，主要依靠查新从业人员的经验与职业素养。

2.2.3 撰写查新报告

撰写查新报告最关键的环节即撰写查新结论，将检索结果与课题查新点进行对比分析，以文献综述的形式形成查新结论。需要特别注意撰写的逻辑性、完整性、客观性，为评审专家和科研管理部门提供真实客观的科学依据。

《科技查新规范》第 9 部分规定，查新结论必须公正、客观、清晰准确地反映查新项目的真实情况，应当包括下列内容：①相关文献的检出情况；②检索结果与查新项目的科学技术要点的比较分析；③对查新项目新颖性的判断结论。

（1）概述

首先应介绍查新项目总体概况，根据委托人提供的查新委托单，填写项目名称，委托单位等相关资料；然后罗列出对于相关文献检索的情况，如检索的数据库是什么、有几种、检索年限、检索文献总量、检出相关文献数、密切相关文献数等。

例如：“受××单位委托，根据用户提出的查新点和检索词，针对××××研究这一项目进行国内/国内外文献检索，共查询了××个相关数据库及网站，查出可对比文献××篇，密切相关文献××篇，其中包括该项目课题组发表成果××篇”。

（2）比较分析

比较分析部分是结论的主体部分，可以从研究对象、研究内容、研究方法、研究结论等方面进行比较。对比分析的条目可以针对具体的创新点逐条逐项地进行对比分析，也可以将查新点归纳在一起进行总结论述。

对检出的文献尤其是相同、类似、密切相关的文献，不能只满足于题目及摘要，还需进行广泛浏览，有重点地阅读原文，深入细致地掌握其实质内容，对比各创新点，进行分析对比。

（3）新颖性评价

新颖性指的是在查新委托日之前没有同样的成果在国内外出版物上由他人公开发表过同样的成果出版物；“现有技术”通过出版物公开的技术内容被认为是查新意义上的“现有技术”；他人公开只能认为是确认了具排他性的新颖性。本人公开不影响新颖性，其他协作单位的公开涉及知识产权争议。

在文献对比分析之后，对课题的新颖性给予评价，指出查新项目的主要内容是否已有相同或类似研究。一般可用简练的语言说明与查新点相关的文献报道的数量，然后针对查新点主要内容，做出具体的“该查新项目开展××××的研究，在国内/国内外公开文献中未见/已见相同报道”。

新颖性判断原则主要有以下四种：①相同排斥原则：若项目科学技术领域和目的，研究方法、技术实质相同，预期得到的效果相同，则判断为查新成立，反之则查新不成立。②单独对比原则：指将查新点的每一个小的要点与每一份对比文献中公开的与该项目相关的查新点单独地进行比较，不得将其与几份对比文献内容的组合进行比较。③下位概念否定上位概念（即具体概念否定一般概念）原则：指在同一科学技术主题中，具体（下位）概念的公开可使一般（上位）概念丧失新颖性。④突破传统原则：常用于数值范围，指查新项目中突破了现有技术中公开的某个不可能、不应当突破的数值范围。

(4) 常见撰写方式

1）三段式写法：第一，表述相关文献中与查新点密切相关的科技要素；第二，将密切相关文献与查新点进行对比分析；第三，作出查新点中哪些科技要素已见文献报道与哪些科技要素未见报道的结论。

2）两段式写法：第一，逐篇分析相关文献；第二，新颖性认定结论。

3）对有多条查新点的情况，结论中可分别针对各个查新点作新颖性结论。

4）在某些情况下，亦可将密切相关文献的内容用表格归纳，再作出新颖性认定结论，此种形式比较适用于农业类新品种性状指标对比或者新产品性能指标对比。

(5) 检索结果

在检索结果首段写明：依据检索式（××××～××××）检索出××××方面的文献××篇，其中相关文献××篇，密切相关文献××篇。

将密切相关文献的基本信息（作者，机构，篇名，刊名，年代，卷-期-页或网址等）按规范格式［《文后参考文献著录规则》（GB/T7714—2005）］顺序列出。无密切相关文献时，则列出主要相关文献即可。当一般相关文献过多时，选用典型相关文献即可。

1）检索结果的描述和与查新点对比分析。引用文献必须“相关”，去掉冗余文献；引用文献量应尽量充分（密切相关文献勿漏缺）；描述与分析应针对“查新点”内容，不宜复制、罗列无关内容；文献分析深度得当（避免中文过繁，外文过简）。

2）文摘的补充、修改。文摘或简介应着重表述研究的主要内容，如对采用的方法、技术、原理、结构、算法、工艺等的创新和研究结果；删除与查新内容不相关的部分，包括研究背景、研究意义、成果价值等，特别是学位论文、专利的文摘或简介；补充查新内容中涉及指标等需比对的数据；对于一些根本与查新内容无关的摘要，需要通过阅读全文后结合查新内容重新撰写。总之，文摘或简介要反映其研究的主要内容和数据，这样才能为查新点的分析比较提供客观的依据。

3）数据的处理。在科技查新中，通常会遇到很多数据，如纯度、精度、效率、产出、重量、体积等，用它们来反映成果的水平，因此，需要重视著录相关数据，为分析比较创造条件。

查到密切相关文献时，也不轻易判断否定查新课题，要着手细节进行区别，分析介入因素和效应指标的区别，从而判定所查课题是否具有创新性。

4）课题组成员发表的相关文献的认定。目前普遍认为，科技查新工作中的新颖性判断，应只限于查证有否他人公开发表过同样的成果，因而课题组成员发表的相关文献不作为否定新颖性的依据。

若课题组成员与他人均有相关文献发表，应依据公开的时间区别对待。

5）查新结论注意事项。写“未见相同报道”的结论时需要慎重。必须从事物的根本、研究的实质来进行分析，需要特别注意题目不同而内容实质相同的情况，也有同一事物，在文献中使用不同的提法和词语，使检索时找不到相应的文献，根据在同一主题学科中，具体（下位）概念的公开即可使一般（上位）概念的查新项目丧失新颖性的原则，不可轻易得出“未见相同报道”的结论。

需要特别注意的是，每个论点都应有文献依据；对查新点分别逐条给出（对比）结论；可对国内、国外文献分别给予结论。

2.2.4 审核与提交

2.2.4.1 提交审核

通过对比检索结果，撰写完成科技查新报告后，查新员“提交审核”，待审核员查看查新报告电子版，审核无误后，即可出具查新报告纸质版与盖有中心公章的扫描件版本。

《科技查新规范》第 9 部分规定：查新报告应当包括经查新员、审核员签字的声明。声明的内容可以参考下面的内容进行撰写。

1）报告中陈述的事实是真实和准确的。

2）按照《科技查新技术规范》（GB/T 32003—2015）进行查新、文献分析和审核，并作出上述查新结论。

3）获取的报酬与查新报告中的分析、意见和结论无关，也与查新报告的使用无关。

2.2.4.2 查新审核

查新报告是由具有科技查新资质的查新从业机构出具的具有客观公正性的科学技术报告，由于检索对比文献，没有一定的标准规范，所以由查新员独自完成的查新报告初稿很难考虑得十分周全，还需要进行查新报告的审核。

（1）查新审核员的职责

1）形式把关。对查新报告的撰写格式、用词等进行把关。

2）内容把关。对检索词和信息源的选择、检索策略的编制、文献的对比分析等进行把关。

3）结论把关。对查新结论表达的准确性、客观性和公正性进行把关。

（2）审核员的工作内容

审核员的工作内容主要包括审核查新员使用的数据库是否合适；选择的检索词及检索入口是否恰当；查新点的书写范式是否符合客观简洁、清晰明确的要求；检出的文献是否为同类研究文献；可比文献是否恰当；查新员对提出的文献判读是否正确；查新结论是否客观和准确；查新报告是否规范；向查新员提出审查意见。

经审核员审核通过，由查新员进入下一阶段，出具正式的查新报告；若审核不通过发回查新员，针对不合适的内容进行修改，修改后再次提交审核，直至审核通过。

2.2.4.3　出具查新报告

查新员在与用户确定查新点后，检索得到相关对比文献，经对比分析得出查新点是否成立的结论。在查新报告上首先填写用户提供的项目名称、单位名称、科学技术要点以及查新点。其次，选择查新范围为国内或国内外，并根据查新范围选择对应的文献检索数据库。接着，根据查新点的内容，制定检索策略，根据检索策略检索出对比文献，将对比文献的主要信息罗列出。最后，通过分析对比文献的主要研究内容，得出查新结论。

2.2.5　存档与保密

2.2.5.1　存档

当用户收到查新报告后，并不代表查新整个工作流程结束。为方便用户再次委托查阅，查新机构应当及时做好查新档案的管理工作。查新员应及时将查新委托单、项目相关资料原文、查新报告电子版扫描件、收费清单、发票扫描件等涉及这一查新项目所产生的所有文档进行存档。

因每个查新机构对于存档的具体要求不一，查新档案主要为以下几类：①查新委托单/查新合同。查新委托单/查新合同为用户提交委托的原始资料，也是查新员开展查新的主要依据。②查新项目的主要科学技术资料。③查新报告的电子版、纸质版、扫描件。④科技查新过程中所产生的其他文件。

《科技查新规范》对查新档案管理有如下规定：①每一个查新项目的相关材料应当由该项目的查新员负责收集、整理、归档。查新完成之后，所有关于该项目的材料应当及时移交档案保管人员，档案保管人员应当建立档案登记簿，按照要求逐一清点验收、登记。②查新档案应当立卷保管。③查新档案的保管须有专用保密文件柜，并由专人负责管理。④档案保管年限：文书档案应当长期保管，项目档案一般保管五年，逾期档案可予销毁。销毁档案须经所在单位主管领导批准，并建立销毁登记。⑤应当尽量使用计算机进行档案管理，每个项目的《科技查新报告》需要上传到国家查新工作数据库。

结合中国科学院兰州查新咨询中心科技查新工作实际与《科技查新规范》中有关查新档案管理的基本要求，经过反复实践，制定出一套适宜于查新中心的档案整理办法。

（1）归档内容

1）项目档案。建立规范格式命名每一个项目档案，命名规范包含报告号、姓名、单位全称、查新题目等内容。

2）文书档案。文书档案包括查新中心制定的规章制度、相关办法、规范和细则等文件，年检材料、工作总结、查新项目登记簿及查新中心及查新员的有关技术证明资料等。

（2）归档方式

按照查新、引证、查重、专题报告分类，收集项目材料，以年度为准则整理保存档案；文书档案按照年度进行编号，同时保存电子版和纸质版。

（3）归档周期和实施

1）以周期定时上交存档档案，并由档案管理人员督促完成。

2）项目负责人按照要求整理档案材料，并统一命名，由档案负责人以季度为时段收集数据，并在移动硬盘和电脑端进行两次备份，定期检查数据，确保数据长效保存。

3）存档移动硬盘由专人负责保管，未经允许，不得外借他用。

2.2.5.2 保密

我国的科技查新制度要求对科技部门委托的科技查新项目必须做

好科研保密工作，全部查新文献资料用查新档案保密保存。科技查新项目有利于科研工作的保密，特别是重大科研项目，科研人员必须有保密意识和措施，科技查新机构应当做好保密工作。

为做好科技查新的保密工作，科技查新从业人员应加强保密教育，认真贯彻、执行保密工作的政策和法律法规，落实各项保密措施，并定期检查，切实做好保密工作。其中，涉及需要保密的范围包括委托人提供的技术情报资料、原始数据资料及合同签约各方内部人员掌握的有关技术信息等。委托人应把该技术秘密保护要求明确告知查新人员。

针对需要保密的查新课题，特别是涉及知识产权和专利的查新项目，委托查新单位/个人要在《中国科学院兰州查新咨询中心科技查新委托单》上写明密级，同时查新人员承诺对查新委托人的成果和所提供的各种资料保密。科技查新合同和科技查新报告除另有明文约定外，原则上保密五年。

同时，查新人员对查新项目的科学技术内容应当承担保密责任。查新人员不得诱导委托方透露查新项目的技术诀窍或秘密，除非该技术或秘密是主要查新点。查新机构和查新人不得擅自披露和使用查新委托人的技术或秘密。查新人员还应当提醒委托方在合同书中既要明确项目的查新点，也要尽量回避查新项目的核心机密。查新工作完成后，对查新过程中委托方提供的所有资料，除去合同书中必不可少的附件外，其他资料应随查新报告一并退还委托单位。

如因公务需要，以下人员和单位可以查阅查新文档：①查新委托人或者由查新委托人明确指定的单位或个人；②具有管辖权的专业检查组织及机构；③法律、法规允许的第三方（如省、自治区、直辖市的科学技术行政部门，国务院有关部门、直属机构、直属事业单位的科技成果管理机构等）；④对委托人及其查新成果具有知识产权鉴别和评判职能的部门和机构。

查新机构使用计算机存储、传输、处理已确定密级的科学技术资料（信息），应按照有关保密法规采取相应保密技术措施。查新资料（含计算机文档）的存放、使用由专人负责。非有关人员调用需经主管批准。科技查新合同和科技查新报告应保存于保密文件柜中，由指定人员保管。档案只限科研管理人员和本站查新人员查阅，课题组成员执有效身份证明可查阅本课题的档案。查新人员对技术秘密有保护的责任，查新人员的聘用合同需包括技术秘密保护条款；且聘用合同终止后，仍负有保护技术秘密的义务。

2.3 科技查新工作流程中存在的问题

2.3.1 科技查新用户方面

科技查新用户，即项目委托人，是查新服务的主要对象。在整个科技查新流程中，用户的行为意愿贯穿整个查新过程，所以，委托人对于查新工作流程的认知与体验至关重要。

近年来，科技查新课题项数量目呈现逐年递增态势，查新用户数量趋势上也随之逐渐上升的。结合实际业务情况来看，目前科技查新的主要用户群体可以分为个人、高等院校、政府机关、科研院所、企事业单位、信息咨询服务机构等类。其中，高等院校、科研院所、企业、信息咨询服务机构为主要用户群体。

其中，针对高等院校教师及科研院所研究人员，由于他们对所研究课题的内容和涉及的研究领域通常有较深入的了解，对研究领域的相关文献较为熟悉。所以查新人员根据其填写的委托单就可以快速了解该项目的研究内容与创新点。而且，因为这类用户申请立项查新和成果鉴定查新的频率较高，理解沟通能力较强，对于整个查新流程，很容易掌握并熟知，所以，针对高等院校教师及科研院所研究人员而言，科技查新工作流程中除了报销之类的财务问题需要沟通，基本不存在其他难题。

而对于企业用户而言，由于企业更为重视业绩与销售额，通常不太重视技术创新，对于科技研发没有过多的关注，也缺乏基本的文献知识，当需要科技查新报告时，才会在项目申报前临时找技术人员进行总结，所填写的科技查新委托单，也常出现内容空泛简单，盲目夸大。因此，很多企业提交的查新委托单往往需要与之反复沟通修改才能进行下一步查新。

还有一种常见的用户群体，可以理解为中介，即信息咨询服务机构。往往这类信息咨询服务机构可能更多从事的科技评估相关业务，当需要科技评估的用户要进行科技查新时，便委托信息咨询服务机构，由该机构寻找具有资质的科技查新机构进行查新。其查新过程中出现的问题与企业有类似之处，又有更大的问题。由于查新的联系人是第三方机构，当出现科学技术要点或查新点内容填写得含糊不清时，查新人员只能依靠第三方机构进行转述，与委托人进行沟通，使得查新工作变得更加复杂。当遇到这样的问题，查新人员需要联系真正的用户委托人，让其了解查新委托的流程，协助用户认真填写查新合同并提炼出最符合项目主要研究内容的查新点，以便于查新人员开展后续工作。

综上所述，各类用户群体在委托科技查新时产生的疑虑与困扰主要原因还是在于对科技查新工作流程的不熟悉。

2.3.2 科技查新从业人员方面

科技查新是一项需要具备文献检索能力、理解能力并耐心细致进行的科研活动。查新从业人员的综合能力是影响查新行为的一个重要因素，用户对于科技查新的体验很大程度上取决于查新从业人员的服务意识和业务能力。科技查新需要查新员在接收到查新委托单的较短时间内，对用户提供的科研内容有一个全面深入的了解。查新员不仅需要检索相关文献，还要结合相关文献研究内容与提供的查新点做对比，并最终对委托查新项目做出客观公正的评价。

通常而言，科技查新从业人员非常熟悉科技查新的工作流程，不存在太大的问题。但由于近年来随着科技查新委托项目不断递增，出现短时间大任务量的高峰期情况，在某一时段进行集中委托，查新人员有时会因为短期内接收大量委托单，造成无法对每一位提交委托的用户都做到及时联系，及时沟通处理，导致用户体验感下降。当遇到这种情况时，一个规范的科技查新工作流程便显得极其重要。面对大批量的科技查新委托，按照工作流程，逐一进行联系沟通，首先与用户确定出具报告的时间与费用，其次告知用户委托单填写不合适的地方，并沟通修改。在业务集中委托的高峰时期，用户得到相关反馈，也会提升其对于科技查新的体验感受。

在进行科技查新的过程中，由于专业限制查新人员难免会遇到一些不理解的问题，通常在阅读了查新委托单和项目主要技术材料仍不能确切理解用户提供的查新点情况下，就需要和用户就创新之处及关键的技术问题进行沟通，从各自的专业领域出发，向用户进行请教，这也利于增进查新人员对查新项目的理解，从而制定合适的检索策略。

2.3.3 科技查新机构方面

科技查新机构的主要职能是科技查新信息咨询服务，与营利性机构在管理和运营上存在着较大的差异，但同样都需要通过吸引用户实现和发展其服务功能。随着国家对科技创新投入的不断增加，科技查新的需求随之而增大。

一些平时没有接触过科技查新的用户，往往会不知所措，加之申报项目或者成果鉴定结项有时间界限，难免心情急切。这就需要科技查新机构为查新用户提供清晰明确、一目了然的科技查新工作流程。以简明的语言告知用户应该做什么，怎么做，需要用户填写什么材料，提供什么样的资料，协助用户群体明确查新流程，顺利填写项目的科学技术要点和查新点，安抚用户情绪，以继续开展科技查新工作。

同时，在科技查新机构内部，由于查新从业人员众多，每一位查新工作人员可能在接收查新委托，出具查新报告的过程中，会有细小的工作顺序上的差别。为避免同一用户多次委托感受到的查新工作流程不一致，也需要建立一套细致规范的科技查新工作流程，带给用户更好的使用感受。

科技查新机构在开展科技查新的日常工作中，应考虑建立一个科学的、系统的科技查新信息服务工作流程体系，这是科技查新机构日常运行的重要保证，也是科技查新机构在日益激烈的竞争市场中持续发展的保障。

2.3.4 科技查新质量控制方面

合理规范的工作流程需要在日常实践工作中逐步摸索并加以完善。通常情况下，查新人员按照《科技查新规范》的要求对文献资源进行检索、对比分析、整理和综合提炼，通过客观、公正、准确的规范用语表达观点并给出结论，基本上就可以形成一份合格的查新报告。但为了体现查新报告的客观性、公正性，科技查新机构往往会在遵循既有规范的前提下，提出一些更具体的规范要求，制定更详细规范的工作流程规范。

在已有研究中提出的科技查新工作流程一般是从受理查新委托开始，至出具报告归档结束。而结合查新工作实际发现，从受理委托至出具报告归档结束，还存在许多待讨论的部分。例如，一般科技查新的工作具有时间周期，开始时间是从接收委托单当天计算，还是从与用户沟通确定查新点当天计算。故而，需要将整个科技查新工作流程细化，一方面从用户角度考虑延伸，另一方面从查新从业人员的实际查新过程拓展。

而查新从业人员的实际查新过程即内部工作流程，其高质量是整个查新工作产品高水准的根本保证，从用户角度考虑的外部流程，其人性化体验展现出科技查新机构以人为本的服务意识。细化规范内部工作流程与外部流程，则反映出查新机构的查新工作流程的高效率。这些都对用户满意度起到至关重要的作用。

以市场为导向、以质量求生存、以服务求发展已逐渐成为查新机构和查新人员的共识。[①] 只有不断强化服务意识，提升服务水平，丰富信息资源和数据库，重视人才培养，优化查新人员知识结构，提高业务能力，树立品牌观念和品牌荣誉感，以更优质的产品和服务吸引更多查新的潜在用户群体，建立良好的口碑，取得客户的信任和赞誉，才能在科技查新领域更加长久发展。

2.4 规范科技查新工作流程的必要性

2.4.1 提升用户对查新流程的认知及体验感

查新用户是科技查新工作持续发展的基石。研究查新用户的心理状态和其查新行为，有助于加强查新从业人员、查新机构和查新用户之间的信息沟通，提升查新效率质量，促进科技查新机构发展。

据调研，部分查新用户认为科技查新是申请项目、成果评价或资产评估的有效手段，可以提供大量有关文献，通过阅读对比文献或专利等信息可以了解项目相关研究领域的最新进展；也有部分用户认为科技查新只是走流程，盖个章，流于形式，毫无实质性用处，是科研主管单位的强制要求。

---

① 李克颖，刘序．科技查新咨询服务质量控制及流程规范化研究［J］．科技情报开发与经济，2014（9）：125-128.

为了让广泛的科技查新用户群体转变对科技查新的态度，需要让用户群体更加了解和熟悉科技查新工作流程。首先，需要科学引导用户知晓科技查新机构的存在，并向用户群体告知和解释科技查新工作的流程和细节。一些平时较少接触科技查新的用户，往往在课题立项、项目鉴定或科技成果评奖之前才获悉需要进行查新工作，而这段时间距离相关部门规定的截止日期又比较短。而且一般申报项目的时间又比较集中，容易导致查新机构要在短时间内完成大量的查新项目，从而导致查新人员的工作强度陡增，无法保证对每个项目都进行及时细致的沟通与分析思考。

若查新用户熟悉科技查新工作流程，在提交委托后，便不会心情急切，不知所措。所以规范科技查新工作流程，并且使其成为规章制度，告知每一位查新用户，有助于提升用户对查新流程的认知及体验感。

2.4.2　加强从业人员专业能力和业务素质

由于科技查新工作特有的工作流程，从事科技查新的人员不仅需要具备一定的检索专业能力，还需要具备综合业务素质。

科技查新工作流程中重要的环节之一即检索出具报告，这一环节需要查新人员具备专业的检索技巧，例如对检索工具、检索年限、检索途径、检索范围等的把握，对查新项目的学科分类以及涉及的专利分类等知识的了解等。而且，还需要查新人员拥有相当的知识储备、各方面文化水平和学习领悟能力，举一反三、触类旁通的理解能力，在工作学习中逐步拓展知识涉猎、积累经验，最终做到融会贯通。同时，因为要做大量的国内外文献对比分析、筛选和整理工作，查新人员也应当具有较高的专业知识水平和外语能力，这样在处理其专业范围内的问题时可以与用户进行更深入细致的讨论。

科技查新工作流程中另外一个重要环节即与用户的联系沟通。从开始受理查新委托，到沟通修改查新点，再到联系处理费用安排邮寄自取等等细节，都需要查新从业人员与用户进行一对一沟通。所以查新从业人员应具有敬业精神，热忱周到的服务意识及耐心细致稳妥地为用户进行保密的责任意识等。面对科技查新工作流程中的每一步琐碎细节，始终保持高度的警惕，始终坚持原则不放弃。另外，查新从业人员还需秉持实事求是、客观公正的原则和职业素养，面对个别用户的不合理需求，做到有理有据有节，对所提供的科技查新项目新颖性作出客观公正的判定。

所以规范科技查新工作流程，使其形成规章制度，让查新从业人员做到有章可循，也有利于加强从业人员专业能力和业务素质。

2.4.3 深化科技查新咨询机构与行业服务质量

我国科技查新工作经过多年的发展与实践证明，其需求愈加强烈。目前全国具有查新资质的科技查新咨询机构 400 多家，基本都能遵循科学技术部颁发的科技查新规范施行，但由于不同查新机构管理机制不同、查新流程不同、人员水平差异等原因，查新质量也出现良莠不齐的现象。

科技查新咨询机构是科技查新工作的窗口，反映了查新用户首先接触到的直观印象。无论在各行各业，一个规范的工作流程，都会使用户留下客观公正严谨的体验感。

为了让科技查新用户有更好的使用体验感，科技查新咨询机构首先应印制相关的宣传材料，简明扼要地介绍机构的历史沿革、业务范围、服务承诺、收费标准及联系方式等，并将其放置在科技查新需求产生的端口位置。其次，在大数据时代，用户可能更倾向通过网络查询科技查新咨询机构。科技查新咨询机构可以制作相应内容的网页，放置在门户网站的咨询服务页面内，方便用户在线查询。同时，将用户注册登录、下载上传查新委托单、下载上传查新报告、评价，以及查新机构的人员简介联系方式等一系列信息流程进行规范和细化，方便用户了解科技查新工作流程安排，以及委托进程情况，方便相互沟通联系和后续工作的开展。

同时，科技查新机构还需要积极面向市场，树立创新意识，主动与经常查新的科研院所、高等院校、企业等建立长期合作关系。通过网络、用户间推荐等多种途径宣传科技查新服务，实现查新咨询服务潜在用户的主动体验。对于现有的查新用户，在科技查新工作流程中分析他们潜在的信息需求，为他们提供更有针对性的、个性化的服务。以引导满足用户的体验需求为目标，通过细化完善科技查新工作流程，提升服务质量，来提高用户忠诚度，形成科技查新咨询机构和用户之间的良性互动关系。

因此，规范科技查新工作流程，使其形成规章制度，有利于深化科技查新咨询机构的发展与提升行业服务质量。

2.4.4 基于规范化流程的查新质量控制的必要性

近年来，随着国家政策的支持和社会创新意识的增强，科技查新项目数量不断攀升，并在每年科技计划项目申报和科技奖励申报等期间都形成查新高峰。尽管《科技查新规范》规定了科技查新的基本术语、科技查新应遵循的基本规则及基本流程，规定了查新报告的基本内容、要求以及撰写格式；并且现在科技查新咨询机构的检索工具日趋完善，随着网络技术发展和大数据时代的到来，越来越多的查新信息系统管理平台也被不断开发和应用，但面对不同学科领域、不同需求形式的科技查新项目，查新项目密度过高，查新质量难免会受到影响。

从科技查新工作流程分析，可能影响查新质量的部分主要体现在：用户在委托单中科学技术要点与查新点填写不准确，查新员对查新项目研究背景、技术要点了解不透彻，查新员未能与用户进行及时有效地沟通，对用户表达的查新点内容出现理解偏差。在检索阶段，制定检索策略时，检索词选取不全面，检索策略不够准确，都可能直接影响查新质量。在对相关文献进行筛选时，若仅凭文摘内容对检索结果进行判断则可能对新颖性的判断不准确，不能有效地对查新点作出客观公正评价。而在报告审核环节，对于一些待核实的困扰疑惑，查新员与审核员间没有进行充分的探讨，以其中一方的观点为准等也会影响查新质量。

查新是一项技术面广、专业性强的科技咨询服务工作。鉴于查新工作流程和查新质量的密切关系，为更好地提高查新质量，要求查新机构进行全面质量管理，查新人员要树立质量意识，使每一项科技查新报告都要经得起评判。同时还应注重查新员与委托人的沟通交流，提高工作效率；注重查新员与审核员的探讨，保证查新的客观性和公正性；并且及时了解跟踪委托人对查新服务的满意程度，形成统计大数据，对用户提出的建议有针对性地及时处理和改进。科技查新工作必须在规范化工作流程的指导下对实际操作中的每一流程进行质量控制，保证查新质量。

规范科技查新工作流程，使其形成规章制度，有利于提升查新质量控制。同时，应用查新管理和辅助软件，如业务流程部分可在相关的科技查新管理平台上实现，在平台软件框架内完成查新流程。

2.5 构建基于工作流的自动化查新系统

2.5.1 设计思路

科技查新工作流程规范化可以通过制定每一步流程的详细操作指南、开发软件平台实现查询步骤的规范化操作等途径来实现。目前国内关于查新规范化流程的研究主要有：一是，基于网络化、信息化查新流程优化设计，例如，邹艺基于查新服务质量构成的主要因素，探讨了如何构建查新服务质量保障体系。[①] 二是，通过查新系统、平台的构建，实现查新流程的规范化管理，例如，秦勇开发的查新工作集中管理系统和模式，由查新项目申请、分配、报告提交、审核、电子签名与验证、后台管理、管理等模块组成，使得查新流流程在数字化条件下得以规范化操作。[②] 李凤侠等开展的基于 B/S 结构对科技查新系统进行灵活的人性化设计，可实现查新管理、系统管理、查新统计、报告自动生成等功能。[③]

国内目前对于科技查新委托、受理、查新分配、报告自动生成和文件归档等步骤大都可以采用业务软件系统或平台实现系统管理，但对于其步骤和具体操作流程还缺乏规范化细则指导。

为了提升科技查新的工作效率，规范科技查新工作流程，我们开展了“科技查新综合管理平台”建设。通过深入分析科技查新工作流程中的需求，建立科技查新工作流程规范，基于此，进行更具针对性的设计，形成符合查新机构业务操作习惯、涵盖科技查新工作全流程（查新委托、查新分析受理、信息实时沟通传递、任务分配、生成报告、审核、处理费用、下载报告收费清单等）的工作平台。通过构建科技查新综合管理平台，为用户提供随时随地科技查新的云服务环境，满足多元化科技查新需求，以提升查新智能化和自动化水平，促进查新工作流程规范化、精细化工作流模式。

2.5.2 业务角色

结合科技查新工作流程，可以将科技查新综合管理系统中的业务

---

① 邹艺．科技查新服务管理保障体系建设［J］．图书馆，2008（1）：96-97.

② 秦勇．数字化条件下查新工作集中管理模式研究［J］．数字图书馆论坛，2014（9）：62-65.

③ 李凤侠，战玉华，赵军平，等．清华大学科技查新系统的开发与实践［J］．大学图书馆学报，2014（2）：33-38.

角色划分为以下几类：委托人、查新员、分配员、审核员、数据管理员、最高级别管理员等。

1）委托人：提交查新委托，保存查新委托草稿，查看负责的查新员联系方式、查新费用和进度，下载报告、下载收费清单。

2）分配员：负责接待分配，初步检查委托单是否填写完整、合适，用户需要时间是否可以完成，确定后将可受理的查新委托分配至查新员。

3）查新员：负责具体的科技查新项目，与用户沟通详细的查新点内容、具体出具报告的时间和费用，撰写科技查新报告，提交审核，打印扫描发送至客户，并提供该查新项目的后续追踪服务。

4）审核员：审核查新报告的客观性与完整性，没有问题的报告审核通过，对于审核未通过的报告，填写审核意见，发还至查新员修改。

5）数据管理员：负责查新报告归档，统计分析查新项目各类有效数据，修改科技查新项目费用，调取业务数据。

6）最高级别管理员：业务角色权限分配，调整修改网站界面文字描述，上传修改网站界面文件，进行用户管理，重置用户密码。

2.5.3 操作流程

2.5.3.1 委托人流程

（1）用户登录注册

用户通过百度搜索中国科学院兰州查新咨询中心，或直接登录网址（http://chaxin.llas.ac.cn），以邮箱注册成功后，输入用户名（邮箱）和密码进行登录。

（2）在线填写提交委托单

根据自己实际情况填写项目名称、机构名称、查新范围、查新目的、通信地址、联系方式、希望获取报告时间、发票信息、快递信息，并上传委托单，选择提交。若存在不确定事项，可以先选择保存草稿箱。

（3）沟通、查看进度状态

提交委托之后，可以登录平台系统查看负责的查新员联系方式，并与查新员通过邮箱、电话、QQ 等多种方式进行沟通。还可查询科技查新进程目前处于“待分配”“已分配”“已接收”“正在处理”“代缴费”“已完成”等多个状态。

（4）下载

当报告完成后，用户收到邮件和短信提示查新报告已完成，此时可以在平台系统下载查新报告的电子版和收费清单电子版。

2.5.3.2 分配员流程

分配员在接收到查新委托后，点击进入初步查看查新委托单填写是否完整，并阅览整个委托单的填写是否符合查新的基本要求，如果填写完整合适，满足查新要求则进行下一步分配，如果不符合查新要求的，与委托人沟通修改查新委托单，重新提交，直至查新委托单填写符合要求后，再根据查新员的任务量和擅长的相关领域进行分配。

2.5.3.3 查新员流程

（1）查看委托单

查新员接收到分配员分配的查新委托后，根据委托单的查新点内容和希望获取报告的时间，结合自身工作情况，判断是否可以完成，若可以完成则接收委托，若无法完成则将委托返回至分配员并告知情况。

（2）接收沟通联系

查新员确定可以处理查新委托后，应及时与用户联系沟通出具查新报告时间和费用，以及科学技术要点和查新点的内容。

(3) 撰写查新报告

确定查新范围和查新点内容后，进行检索查新，撰写查新报告。

(4) 上传收费清单和报告

在查新综合平台上传收费清单和待审核报告供审核员审核。

(5) 提交审核

当查新员完成科技查新报告，上传电子版文档，提交审核，查新员根据审核员的审核意见，修改查新报告。审核通过后，查新员应将电子版文档发送用户，供用户再次核实科技查新项目名称、单位名称，以及课题组发表成果等相关信息是否需要变动。

2.5.3.4 审核员流程

审核员在审核列表中可以查看所有待审核和已审核的报告列表，若审核通过，进入已审核报告列表，审核未通过的填写审核意见，发还至查新员修改，待查新员再次提交。

2.5.3.5 数据管理员流程

数据管理员可以将每周的查新报告归档，并且导出查新项目各类有效数据，形成 EXCEL 等多种文件。在查新报告邮寄用户并归档后完成该项科技查新的全部流程。

2.5.4 综合评价及应用价值

用户购买科技查新服务产品的目的是获取他们所想要的信息。通常，科技查新用户通过获取查新报告来实现其应用价值。其应用价值可具体体现在用户运用查新报告中提供的信息，进行科研研究和技术跟踪；也可以为用户在进行立项申请、鉴定、报奖时，给评审人员提供科学、公正的评估参考。

为了提高查新工作的服务质量，科技查新咨询机构需要了解委托人对查新工作全过程的体验感与满意度。用户体验感包括委托人在项目查新过程中对查新机构工作人员的接待态度、沟通方式、服务意识等，还有查新从业人员的知识结构、业务技能和工作责任心，以及向用户提供咨询指导和文献资源的实用性，出具查新报告文件的及时性，查新报告结论的客观公正性，隐私和机密信息的保护措施等。通过调研用户的使用感受，进行全方位的评价。通常在委托人取得查新报告后，科技查新咨询机构可以主动向客户发送电子邮件进行满意度问卷调查，或是在科技查新业务的管理信息系统中的用户评价端口进行评价，在用户的反馈信息中发现查新工作流程中存在不足，为日后完善工作流程提供事实依据。

因此，建立健全科学、规范、系统的科技查新工作流程服务体系是科技查新持久发展的重要保障。

3 科技查新咨询信用体系建设

3.1 信用、信用体系概述

信用是一种信念，是一种社会共识和价值观，是在生产、分配、交换、消费等各个社会经济过程中，所有的人和组织，包括自然人、法人、政府和国家必须遵守的诚实无欺、信守承诺、不损他人、正当获利的道德规范，是合作的一方对他方的可靠性和诚实度有足够的信心，从而愿意依赖对方。市场经济是“信用经济”，信用是市场经济的基础和灵魂。古人云：“无信不立，信者行之基”。守信用，讲荣誉，重承诺，既是中华民族的传统美德，又是现代市场经济的重要资源和社会进步不可或缺的无形资本。信用具有人格性、财产性、信息性、时间间隔性、社会性等特征。信用行为发生过程一般由信用主体、信用客体、信用内容、信用流通的工具、时间间隔等五个要素组成。[①]以债务人的身份作为分类标准，信用可以分为公共信用与私人信用两大类；以受信对象为分类标准，信用可以分为公共（政府）信用、企业（包括工商企业和银行）信用和消费者个人信用；以创造主体为分类标准，信用可以分为企业信用、银行信用、政府信用、民间信用等四种。

信用体系，则是市场经济条件下，由一系列与信用相互联系、相互促进、相互影响的道德文化、法律法规、制度规范、组织形式、技

① 中国工商行政管理协会．企业信用监管理论与实务［M］．北京：中国工商出版社，2003.

术手段、运作工具和运作方式构成的综合系统。它们通过对失信行为的记录、揭露、预警和惩戒，有效遏制市场交易当事人信息不对称的现象，使失信者付出沉重代价，诚实守信者得到应有的经济利益和保障，从而有力地维护经济活动和社会生活的正常秩序。一个完整的信用体系是由信用道德建设、信用法律法规的制定、信用信息的征集、信用评价、信用监管、信用奖惩、信用中介机构等多个子体系构成。社会信用体系具有记忆、预警、预测、过滤、调节、教育、服务等微观功能。信用体系从经济的角度为人们提供了社会管理、社会经营和社会有序自为的科学视点和有效工具。信用体系包括政府信用、企业信用、个人信用、商业信用等方面，其所涉及的经济主体也就顺理成章地成为信用体系建设的对象。从国外的发展来看，社会信用体系建设不可能一蹴而成，而是有其发展规律和基础，并与经济发展水平及市场经济制度完善程度相适应，是市场经济发展到中高级阶段的产物，是社会文明发展到一定程度产生的需求。

我国经济在步入社会主义市场经济轨道之后，市场交易关系和交易行为更多地表现为信用关系。然而，目前我国的经济体制、法律体系及市场基础与发达国家相比有很大不同。目前我国有关企业和个人的信用信息大多还是由政府部门掌控，而我国信用信息商业化、社会化的法律环境和市场条件还不具备，尚未真正建立起系统的、全面的、符合与适应市场规范的信用体系，增加了市场交易成本和交易风险，在一定程度和范畴内影响与制约着市场经济秩序的有效建立和经济的健康发展。发达国家的信用建设尽管都取得较大的成功，但发展模式不尽相同，各有特点，美国的开放式市场化信用体系模式、西欧各国的政府或中央银行主导的信用体系模式、日本的会员制模式都是各国经过漫长的历史发展，根据自身发展特点来选择并形成了最适合的发展模式，并不存在固定的模式。我国对于信用体系的研究还处于相对发展阶段，学术界除对信用体系建设的必要性和紧迫性达成广泛共识外，对于政府、信用中介机构、企业和个人等主体在信用体系建设中的定位与作用，以及社会信用体系建设的发展思路与模式等一些重要的基本理论问题还有待深入探索。因此，我国社会信用体系建设不能简单地完全照搬国外模式，而应在我国国情的基础上，参考国际经验，不断发展创新，走一条具有中国特色的信用建设之路。

我国实行社会主义市场经济体制后，信用问题日趋突出，社会实践呼唤信用制度，从 20 世纪 90 年代后期我国信用体系建设开始起步，特别是 2002 年以来，随着实践的需要，信用理论研究成为经济学界研究的热点问题。利用中国知网（CNKI）检索平台，有关“信用体系”方面研究的论文近 32 000 条，相关研究的论文数量以年均千篇以上的速度在稳步增长，近年来论文数量依然呈现高位震荡格局，说明信用体系研究依然受到学者的广泛关注，当然这与我国近几年来信用体系的建设密不可分。从内容上看，国内信用体系研究主要包括国内信用体系的总体架构、个别信用制度分析（如企业、个人、消费等信用制度研究）、横向比较分析、信用评价、信用风险管理研究等。在信用建设对策研究方面，大多数学者认为，信用问题重在建设。构建社会信用体系是一项系统工程，需要从多方面采取措施，综合治理，包括加强社会信用制度建设、法规建设、道德建设、管理建设及失信惩戒机制构建等；大力增强政府、企业和个人的诚信意识，营造良好的社会信用环境，确立强有力的法律规范和约束，迫使失信者为失信行为付出高额成本。[①] 如果没有信用制度、法律制度，信用体系就不会形成有序竞争，市场经济体制就会丧失市场经济的基础。

在实践领域，经济发展较快的部分大城市积极开展了信用制度的试点实践工作。例如，上海市 1999 年 7 月率先启动了个人信用征集试点，2003 年上海市委、市政府联合发布了《关于加强本市社会诚信体系建设的意见》，就构建社会信用体系提出了系统的指导意见。北京市于 2001 年启动了工商企业社会信用体系试点，此后，汕头、南京、深

---

① 白鹏飞．农村信用体系微观建构［D］．延安：延安大学硕士学位论文，2007.

圳、浙江、海南、青岛等地相继开通了企业信用网。部分省市政府也制定了信用建设的一些管理办法和制度，如信用信息标准［《关于印发<深圳市企业信用信息系统建设工作方案>的通知》（深府〔2002〕第86号）］、信用评级标准（《温州市企业信用工程建设管理暂行办法》）、信用担保机构资质标准［《甘肃省人民政府办公厅印发甘肃省中小企业信用担保机构资质认证及管理办法的通知》(甘政办发〔2001〕第131号)］、信用服务标准等。近年来，党和国家都十分重视信用体系的建设。习近平总书记在党的十九大报告中指出，推进诚信建设和志愿服务制度化，强化社会责任意识、规则意识、奉献意识。推进诚信建设，要不断采取各类措施推进社会信用体系建设。2014年6月14日，国务院印发了《社会信用体系建设规划纲要（2014—2020年)》；2019年7月9日，国务院办公厅印发《关于加快推进社会信用体系建设构建以信用为基础的新型监管机制的指导意见》；2017年12月28日，国家发展改革委办公厅、人民银行办公厅《关于印发首批社会信用体系建设示范城市名单的通知》。

科学技术部2004年9月首次明确提出，科技活动也要讲信用，并称之为“科技信用”。同社会信用一样，科技信用制度的核心机制也是以提高失信成本为基本出发点，保证诚实守信者的合法权益，让失信者受到应有的惩罚、承担相应的责任、付出高昂的失信代价。在国家科技计划管理全程引入信用机制，旨在提高管理水平，提高政府科技资源分配的公正性和有效性，提高国家科技计划相关主体的信用意识与信用水平，机制上约束和规范国家科技计划相关主体的行为，源头上预防和遏制腐败。[①] 各级政府也陆续出台了相应的科技信用管理办法。

① http://www.chinanews.com.cn/news/2004/2004-09-03/26/479959.shtml.

3.2 科技查新咨询信用体系概述

3.2.1 科技查新咨询工作及其形成和发展

科技查新咨询是在科研管理体制改革中诞生的一种文献学论证方式，是以文献检索为基础，运用综合分析和对比的方法，为评价科研立项、科技成果鉴定及奖励、专利申请、技术咨询等的新颖性和先进性提供客观事实依据的一种情报信息咨询服务。①

2003年国家科学技术委员会发布的《科技查新规范》，对“查新”的定义做了原则性的规定，即查新就是科技查新的简称，是指查新机构根据查新委托人的要求，按照本规范，围绕项目科学技术要点，针对查新点，查证其新颖性的信息咨询服务工作。②

我国科技查新工作最早可追溯到1985年。在这之前，对科技成果的评价方法主要采取两种，即同行专家评议和实践检验，这两种方法都属于“经验评价”的范畴，都有各自的局限性，往往使得被评议的课题和成果不能得到客观、公正、准确的评价。人们试图改变这种状况，当时卫生系统专家鉴于我国医学科研工作的低水平重复现象带有一定的普遍性，而评审专家在现代科技迅猛发展的情况下，对具体项目所处水平也就很难准确全面了解，于是呼吁成果鉴定前要提交图书情报部门提供的文献查新报告，确保成果评价准确与公正。1985年全国医药卫生科技工作会议之后，原卫生部决定把部级招标项目交给中国医学科学院情报研究所进行查新预审，由此拉开了全国医药卫生专

① 高丽．学科馆员机制与科技查新制度的对接［J］．图书馆论坛，2008（3）：121-123.
② 杜津萍．科技查新的分析与展望［D］．天津：天津师范大学硕士学位论文，2007.

业查新工作的序幕。[①]

随着1985年《专利法》的正式实施，对开展科技查新工作的开始起到积极引导和推动作用，其中四川省、广西壮族自治区、吉林省等地区和部门，特别是医学口，对科技查新工作进行了大胆探索和尝试。1985年，中国科学院医学情报研究所率先开展科技查新工作，接着原国防科学技术工业委员会等部委也要求科研立项查新。1990年10月，国家科学技术委员会印发《推荐第一批查新咨询科技立项及成果管理的情报检索单位的通知》，发文公布了全国第一批11家查新单位，标志着我国科技查新工作正式开始。1994年国家科学技术委员会发布了《科学技术成果鉴定办法》，其中第18条第4款明确规定科技成果申请鉴定必须持有“经国家科委或者省、自治区、直辖市科学委员会或者国务院有关部门认定的科技信息机构出具的查新结论报告”。1994年和1997年科学技术部又分别认定了15家和12家一级查新机构，使得国家一级查新机构增加到38家，与此同时，各卫生部和教育部等部委也发文并认定了一批二级查新机构。2000年国家科委发布了《科技查新机构管理方法》和《科技查新规范》，同时分期分批进行了科技查新人员资格和培训工作，培养了一批具有专业知识、检索经验丰富的科技查新审核人员，收到良好效果，使科技查新工作不断向高质量、高要求迈进。

随着历史和社会发展的要求，政府的行政职能重心从微观、直接管理转向宏观、间接管理，2003年2月27日国务院颁布了《国务院关于取消第二批行政审批项目和改变一批行政审批项目管理方式的决定》（国发〔2003〕5号），政府撤销对查新机构的审批权，不再参与查新的具体行政管理事务。科学技术部不再认证国内科技查新机构的业务资质，但是查新工作继续进行。目前我国具有各种查新资质或没有查新资质但开展查新工作的查新机构已达300余家。科技查新机构

① 廖希明. 科技查新咨询工作综述［J］. 情报探索，2003（1）：1-3.

的业务资质认定和业务培训放任自流，导致了查新工作在发展中出现混乱无序状态，从而影响了查新工作的正常开展和质量监控。[①]

随着科技查新咨询工作的发展和现实要求，由中国科学技术信息研究所等多家信息服务单位起草制定了国家标准——《科技查新技术规范》（GB/T 32003—2015）。《科技查新技术规范》规定了科技查新的基本术语、科技查新应遵循的基本规则及基本流程，还规定了查新报告的基本内容、要求以及撰写格式，旨在用统一的技术规范和术语指导科技查新工作。

科技查新咨询工作是信息咨询工作的重要组成部分，其目的和作用在于提高科研立项和成果评审的科学化、规范化水平，避免科研工作中的重复浪费，为新产品开发、技术引进、项目论证提供可靠依据。[②] 查新工作既是科技管理工作深化改革的需要，也是科技信息工作展示自身、完善功能、提供高水平信息服务的途径：①为科研立项申报、确定学科研究方向提供决策依据；②为科技成果鉴定与奖励的客观性与公正性提供客观依据；③为专利申报提供依据；④为科技人员进行研究开发提供有效的信息资源；⑤为高新技术产业提供可行性（决策）依据；⑥为科技主管部门科学决策提供依据，降低创新风险。

3.2.2 科技查新咨询的研究概述

在国外，科技查新咨询工作并未设立专门的机构或部门，咨询公司、专利管理机构、情报机构、图书馆、中介机构等提供情报服务的机构均可开展此项情报服务业务，其需要查新的情况主要有两种：①专利检索。在一些发达国家，科技查新主要应用于申请专利，以避免专利侵权行为的发生；②一些政府性的重大项目需要查新。因此，在国

① 刘兆平．关于科技查新工作发展与思考［J］．现代城市轨道交通，2008（2）：42-45，3.

② 李贺南．对科技查新工作中的问题及对策的探讨［J］．现代情报，2008（1）：137-138.

外查新不作为硬性规定，一般项目不需要进行查新，用户进行查新是一种情报需求的主动意愿，费用比较昂贵，一般归入信息咨询行业。

而在我国，由于同行专家评议中暴露出来的一些问题，以及科研立项、成果鉴定等工作中客观评价的实际要求，管理部门推行了科技查新咨询工作，并公布了一批查新单位，开展相应的查新工作。因此科技查新咨询工作应该说是我国比较独特的一项情报服务工作，查新工作人员和管理、科研人员也发表了大量的论文来开展这方面的研究。

利用清华同方公司的“KDN 知识发现网络平台”检索了 1986 ~ 2020 年间关于“科技查新”的文献，得到相关文献 3209 篇，针对这些论文的发表年代、期刊、著者及主题等方面的情况，我们进行了分析研究。

通过图 3.1，我们可以获知，2005 年开始，科技查新的相关研究迅速升温，年均论文篇数在 100 篇以上，2011 ~ 2013 年达到峰值，2017 年至今热度有所降温，但年均论文篇数仍保持在 100 篇以上。这一方面说明了科技查新工作得到了大家的认同和关注；另一方面，也说明参加科技查新工作的人员也日益增加，极大地改善了工作人员的质量和结构，研究内容也趋于分支细化。研究论文主要刊载在《图书情报导刊》《情报探索》《现代情报》《中华医学图书情报杂志》《医学信息学杂志》《农业图书情报》《图书情报工作》《内蒙古科技与经济》《黑龙江科学》《江苏科技信息》《图书馆学研究》等期刊上，可以看出，图书情报类期刊是科技查新论文的核心期刊，但同时也可以

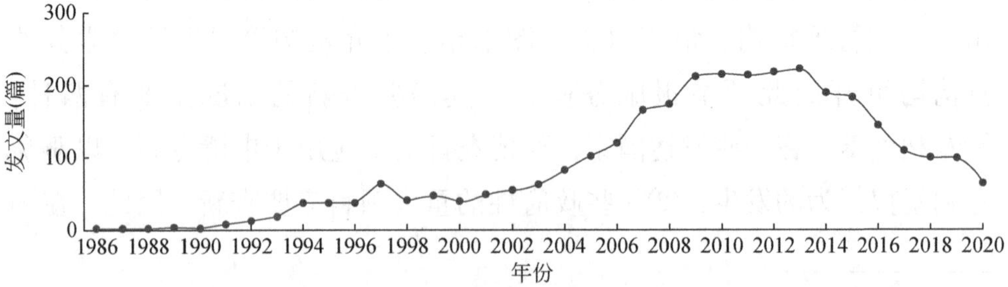

图 3.1　1986 ~ 2020 年我国科技查新领域研究论文年代分布情况

看出，科技查新的研究在图书情报研究领域的地位比较尴尬。相关研究论文虽然涉及基础研究、行业（职业）指导、工程技术、政策研究、教育等学科领域，但在具体学科上，主要集中在图书情报与数字图书馆（约占全部的78%），说明图书情报仍然是科技查新工作的学科基础，这与目前科技查新工作人员学科背景多为图书情报学及科技查新机构多依附图书情报单位的现状有密切的关系。从机构分布来看，绝大部分分布在高等院校、科研院所，这应该与科研人员所处区域、教育系统科技查新管理的发展以及科技管理的要求有很大关系，也可以看出这些单位在科技查新研究方面比较重视。从图3.2可知，论文主题主要包括科技查新工作理论的研究、科技查新工作实践、科技查新工作质量、科技查新工作中文献检索环节的研究、对科技查新人员的研究、科技查新点新颖性分析的研究、科技查新工作规范化的研究、科技查新资源保障、科技查新接待方式（委托环节）、科技查新档案等，其中查新质量，基于网络的科技查新工作，科技查新的标准化、规范化管理研究是近年的研究热点，这说明科技查新工作流程已趋于成熟，相关研究已经开始逐步细化，对外交流逐渐得到重视和加强，引进、吸收、借鉴其他领域的研究成果来充实和发展科技查新工作已经得到了大家的认同。

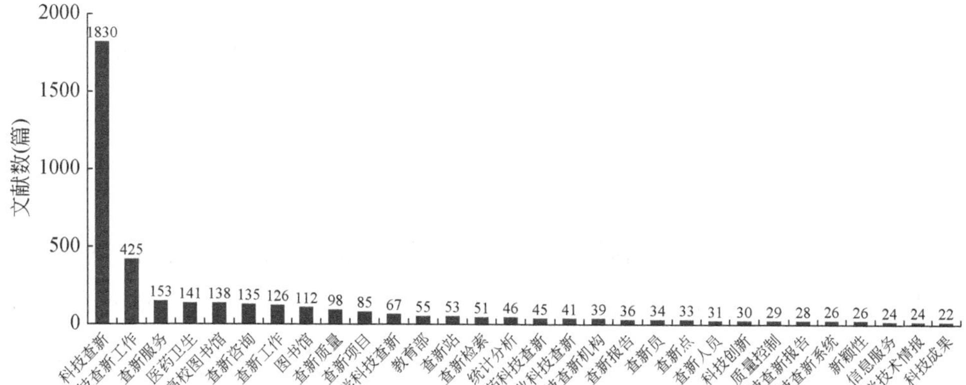

(a) 主要主题分布

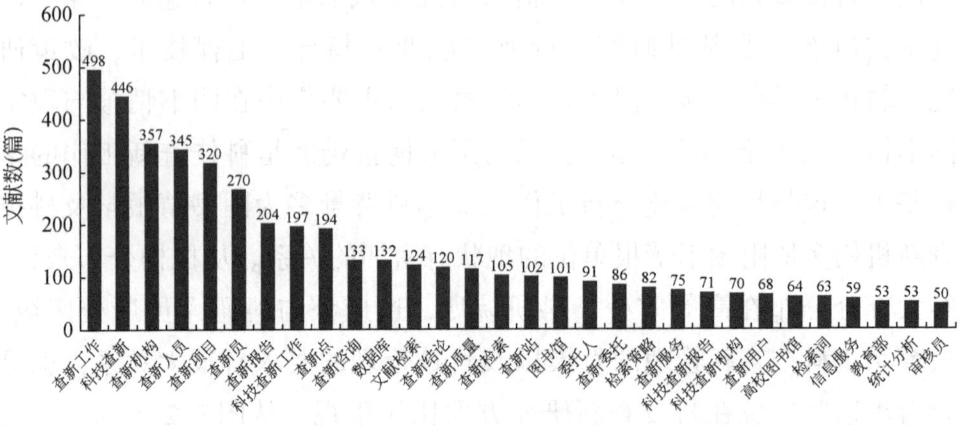

(b) 次要主题分布

图 3.2　1986 ~ 2020 年我国科技查新领域研究论文主（次）要主题网络分布

从检索结果来看，虽然已有文献已讨论了科技信用、图书馆信用体系建设等内容，但本书提出的科技查新咨询信用体系问题，至今为止还未得到科技查新界同仁的重视及研究。

3.2.3　科技查新咨询工作中信用缺失的主要表现

在过去的二十多年中，科技查新咨询工作取得了一定的成绩，也逐步得到了管理层和科研人员的认同；但是，随着科技查新咨询工作的外部环境的变化及行业形势的发展，科技查新咨询工作在信用管理方面逐步暴露出来一些问题。

3.2.3.1　科技查新机构方面

从研究文献来看，科技查新质量控制、标准化是一个讨论的重点，但由于科技查新的个体化差异，查新质量很难完全控制。由于没有统一的查新质量标准，目前对查新质量的好坏尚无法作出全面、量化的评定，甚至出现现有的查新项目在不同的查新机构得出不同查新结论的情况，即使结论基本一致的查新，也无法判断其查新深度的区别。

各查新机构的查新报告质量参差不齐，有相当一部分查新报告不符合质量要求。同时由于查新工作的委托课题时间段相对集中的特点，科技查新质量的控制也相对比较困难。而如果质量无法保证，这项工作就没有了社会信用，也就失去了社会存在性。

科技查新机构应该公正地为查新委托人完成查新事务，应当严格遵照合同订立的完成日期提交给查新委托人查新报告。但在实际工作中，查新机构为了追求经济效益，往往会忽视公正性、客观性原则，迎合用户的要求，乃至按照用户的要求下查新结论；甚至一些查新机构在课题高峰期直接提供报告格式，让用户自己填写，经过简单审核后提交查新报告的现象也时有发生。另有一些查新机构由于只注重数量，而不顾自身的实力和人员情况超量接受委托，结果无法按照正常约定时间提交报告，造成用户的不满。

由于目前科技查新行业主管机构出现的“空白”，查新机构的认证管理比较混乱，各部委、省，甚至厅、局均可审定、批准查新机构，一些能力较强的专利代理机构也开始涉足查新工作，科技查新的门槛有降低的趋势。由于这些查新机构之间缺乏交流、协调，也缺乏全国统一的管理机构与平台，社会用户往往需要多次询问查新机构的资质，给社会造成了认识的误解，对科技查新工作产生了怀疑。甚至有些不具备查新业务资质的中小情报（信息）机构，在没有查新资质的专业查新人员、没有必要的检索工具、没有相关文献资源和国际联机系统，仅凭在互联网上查找信息的情况下，擅自对外出具质量低劣的科技查新报告，严重影响了查新工作的公正性、严肃性和权威性，扰乱了查新市场的正常秩序。另外，有些项目评审专家也认为查新报告中的结论对自己的帮助不大。

根据《科技查新技术规范》，目前多数科技查新机构的收费制度采取预付款制，缺乏对用户的信用甄别。现代市场经济之所以是信用经济，是由于信用体系可以有效提高财富流通效率，增加虚拟支付能力。但目前多数科技查新收费制度均为预付款制，造成了用户的不便，因为各单位财务制度对借款要求越来越严格，手续也比较繁杂，在实际工作中许多用户只好采取垫付的方式来付款，加之有的用户在申请课题之前，科研经费相对紧张，预付款制度给用户造成了很大的心理负担。虽然有的查新机构采取老用户拿报告交费、年付或者通过加强查新合同的管理来应对用户垫付的情况，但机构的公章管理制度又产成了新的困扰。同时，根据其他行业的经验，粗放、简单的预付款制可能给科技查新机构财务管理留下隐患，增加了财务风险。

3.2.3.2　科技查新从业人员方面

科技查新从业人员目前的地位比较尴尬。由于大部分查新机构挂靠在图书馆或情报机构，查新人员的职称走的多是馆员或研究系列，无法体现出科技查新工作的特色。在一些图书馆中，查新人员流动性大，缺乏专职人员。在实际工作中，有的单位就实行课题委托高峰期全员齐上阵，全力应付查新工作，平时则各自负责各自的工作；有的单位实行内部认证，虽然对查新质量有了初步保证，但缺乏后期评估、监督。同时，科技查新从业人员培训市场也十分混乱，签发的资格证书也是多种多样，缺乏权威机构的认可，没有一个统一的认证交流平台，为人员交流和资源合理配置设置了障碍。

由于缺乏信用奖惩机制，查新人员工作上的失误不会带来很大的损失。有的查新机构以经济效益为目的，查新人员的收入与查新报告的数量、获得的经济收入直接挂钩，由此造成查新人员以完成的查新课题的数量最大化为目的，对用户委托的课题不仔细分析实质内容，敷衍了事，只是根据用户提供的几个关键词检索一下就匆匆下查新结论，有的甚至给用户提供空白查新报告，让用户自己撰写报告，查新人员形式审核后就签字盖章，使得科技查新失去了初衷和目的，使科技查新流于形式。

查新审核工作是提高查新质量的保证，也是影响查新质量的关键因素之一。审核员对所出具的查新报告最终结果负责，是“实质上的审核”，而非“形式上审核”。但目前一些科技查新机构的审核人员形同虚设，在课题委托高峰期，审核员和查新员都要承担查新项目，审核员要么依据自己的主观判断和经验来考察查新报告的检索质量，要么只是文字和格式的“形式上审核”，根本谈不上对查新报告质量的把关，最终就是“签字批准”走走审核形式而已。①

3.2.3.3 科技查新用户方面

目前，科技查新在科研工作中的作用越来越明显，它在科研工作者进行科学研究和技术创新的过程中是必不可少的。但在实际工作中，经常出现用户对科技查新工作不够重视，主要的研究人员不亲自委托查新，而是由行政后勤人员或对课题不了解的工作人员拿几个关键词来查新。在很多用户看来，查新只是为了交差，没必要太认真。例如，有的用户在需要提交查新报告的前一天才来做查新，说诸如“我已经弄好了，您给签个字盖个章就行了”“我以为一两个小时就能给我报告”等。有的用户委托查新只是一种被动的行为，只是迫于有关科研管理部门的要求，认为这种工作他们自己也完全可以做。有的用户人员（特别是那些初次查新用户）往往把查新等同于普通的文献检索，没有明确指出委托项目的关键之处；有的用户将合同填写甚至像广告用语一样，或者为了其他目的在提交查新点时故意设置“陷阱”，玩文字游戏，误导查新人员；等等。

另外，在实际工作中，有的用户在课题委托时什么要求都能答应，但在查新机构按期提交查新报告后，就开始找各种理由拖延支付或要求减免费用；有的用户提交的查新点不具备文献新颖性的要求，对查新结果不满意，不愿意支付查新款，如果没有预付款制度，查新机构所做的工作可能就没有什么效益了，这也是查新机构普遍

① 常俐．再论阻碍科技查新行业发展的问题与解决对策［J］．科技情报开发与经济，2008（23）：97-99.

实行预付款制度的原因之一，所以也就有了查新人员帮助用户寻找查新点的现象。

3.2.3.4 科技查新行政管理机构方面

2003 年在国务院决定取消的第二批行政审批项目中，明确规定今后科学技术部不再对国内科技查新机构的业务资质进行认证。就是说，《科技查新机构管理办法》和《科技查新规范》已不再具有行政约束力。查新机构资质由谁认定，各行业、各地区、各部门的查新机构由谁统一管理，查新规范由谁监督执行，查新质量由谁来评测，查新中一些不规范的行为由谁来约束等，成为科技查新行业热议的问题。科技查新管理体制发生了重大变化，逐步由政府管理向行业自律发展，随之而来的管理上的“真空”与“脱节”给科技查新工作带来了许多问题：查新机构缺乏统一管理，缺乏一套完整严格的质量监督、管理机制和办法。虽然各地及各部委相继审批了一些查新机构，但管理部门几乎都没有明确查新工作的管理和监督的机构或部门，从上到下，管理松散，监控力度不够，彼此之间缺乏交流和认可。同时，当前随着科研管理工作的发展，一部分过去指定需要查新的项目逐步退出，致使部分已有查新市场萎缩，行业内部恶性竞争加剧。

按照《科技查新规范》的要求，查新单位在获得查新资格后，必须定期向上级业务管理部门汇报业务，接受上级管理部门的年检和抽查，若检查不合格则需停业整改。我国从 1990 年正式认定科技查新机构，在三十余年的发展过程中，查新资质的管理部门基本上是：只认定，不管理。查新咨询单位的资质认证和后续业务指导、监督和审核之间却存在严重的脱节现象，没有对取得资质的查新机构再进行后期的评估、监督和考核，缺乏一个自上而下的强有力的管理、监督、质量审查机制。到目前为止，已获得查新资质的绝大多数查新机构尚未接受过管理机构对查新业务的年检和抽查，也未发生过查新单位因工作不合格被撤销查新资格的先例。[①]《科技查新规范》也是只对查新过程中大的环节给予原则性指导，不够细致和具体，使得查新人员在实际操作中主观性和随意性较大。对查新人员也是如此，从而造成查新质量良莠不齐。

3.2.4 失信原因分析

3.2.4.1 诚信意识普遍淡漠

诚实守信是我国几千年传统文化中备受推崇的美德。随着中华人民共和国的建立，我国从半封建半殖民地社会直接跨入社会主义社会，经济关系进入了高度集中的计划经济时期，各种经济往来主要由政府进行调节，无论是企业还是个人，信用观念极度淡化。随着计划经济向市场经济的转换，信用在市场经济中的地位越来越明显，市场对信用制度建设的呼唤也越来越迫切，但相应的信用体系却没有及时地建立起来。传统文化中的诚信传统，在市场经济条件下，缺乏对现代信用观念、信用道德的有力支撑，无法适应市场经济的冲击和洗礼，社会普遍存在着信用意识淡漠的现象，科技查新工作亦是如此。由于科技查新咨询工作是由一种政府行政手段发起咨询事业，所以无论是查新机构、从业人员，还是查新用户，潜意识中都或多或少地存在着应付差事的思想，认为是应付科技管理部门的检查，加之社会浮躁风气的盛行，各种追求短期效益、缺乏长期发展和品牌服务的现象也时有发生。

3.2.4.2 查新机构缺乏信用管理和信用制度

制度是有效管理的体现，是质量的有力保证。虽然有的查新机构

① 石颖．科技查新工作中存在的问题及对策［J］．情报科学，2005（9）：1341-1344.

也制定了一些规章制度，但其内容多为道德上的规范，要靠查新人员自觉遵守和执行，缺乏专指性和惩戒措施，造成了管理上的“真空”。由于缺乏信用奖惩机制，工作上的失误不会带来很大的损失，有的机构就会以经济效益为目的，查新人员的收入与查新报告的数量、获得的经济收入直接挂钩，以完成的查新课题的数量最大化为目的。对查新用户的信用资料也未加以系统整理，缺乏对用户的信用甄别，导致无法开展个性化服务或其他延伸服务。

3.2.4.3 缺乏法律层面有效的查新行业自律组织

从我国科技查新咨询工作的发展历程来看，它是科技管理部门为使科技成果管理科学化和规范化而产生的一项工作。因此，它的基础是建立在政府的行政管理行为上的。这种行政管理行为在计划经济的条件下，对约束用户的行为起到了重要作用，也给科技查新咨询工作的兴起和蓬勃发展带来了原动力。但随着社会主义的市场经济的建立、政府职能的转变，目前建立在政府行政管理行为基础上的科技查新咨询工作必将受到冲击，当前在科技查新市场中，缺乏统一、及时的科技查新行业信用公开及评价机制和平台，从而造成科技查新市场信用信息不对称，无法建立优胜劣汰、奖优罚劣的机制，这是造成科技查新机构信用缺失的重要原因。而随着政府行政职能的转变，就需要成立查新行业协会这种行业自律组织，从行业角度开展信用信息的管理，通过建立专门的信用管理制度来提高守信收益增加失信成本，通过建立信用等级制度来规范查新市场行为，提高查新工作的业务水平，避免恶性竞争。

3.2.4.4 信用社会立法的缺乏

市场经济条件下，信用是以法制为保障和基础的。虽然我国在社会信用体系建设中，法制保障方面做了很多的工作，但从总体上看，法律在建立市场信用秩序方面还没有起到强有力的保障作用，有关法律法规不够健全，执法力度也远远不够。我国近几年虽然出台了《担保法》《合同法》等法律法规，但面对日益复杂的社会现实和经济现象，市场信用秩序方面的立法还是严重缺乏。对于失信的惩戒，也多为教育惩戒为主。科技查新行业更是如此，到目前为止，已获得查新资质的绝大多数查新机构尚未发生过因工作不合格被撤销查新资格的先例。信用的维护必须依靠健全的、铁的信用法规作保障，才能得以巩固和实施。目前我国有关信用法规和政策的可操作性较差，相关法律法规不够健全。缺乏对失信的科技查新机构的信用约束，没有有效的失信惩罚与威慑机制，失信主体没有受到应有的惩罚，没有付出相应的失信成本，反而获取了一定的收益，实际上构成了对失信行为的反向维护，可能会导致更多的失信行为发生，出现了“劣币驱逐良币”现象。

3.2.4.5 查新市场主体产权制度不明确

科斯在《社会成本问题》中提出“企业产权不明确将导致企业信用交易贫乏、社会成本加大等现象”。信用是在财产交换的市场活动中产生或逐步形成的，它既意味着对市场主体财产权利的尊重，也意味着对在市场交易中所产生的财产义务的严格履行或财产责任的完全承担，因此信用问题的实质是财产问题或产权问题。信用活动产生的制度前提是交易双方拥有独立的财产，或者说交易主体必须是拥有独立财产的所有者或财产主体。目前科技查新机构多为附属于图书馆或情报机构，并未达到《科技查新规范》中要求的“独立法人”机构，这就使得科技查新管理者缺乏主人翁精神，在市场交易中缺乏讲信用的主动性，没有动力讲信用，也没有压力守信用。

3.2.5 构建科技查新咨询信用体系的必要性

所谓的科技查新信用体系，就是由科技查新从业人员及查新用户个人的信用、科技查新机构的信用、科技查新行业的信用、科技查新协会的信用、政府主管部门的信用及由国家、地方或行业管理部门建立的监督、管理与保障有关信用活动规范发展的一系列机制与行为规范共同构成的社会信用系统。

3.2.5.1 构建科技查新咨询信用体系，是规范科技查新咨询市场经济秩序的客观要求

随着科技查新咨询工作社会作用的逐步显现，科技查新工作面临着一个可喜的机遇：国家级项目越来越强调课题立项，希望从第三方的角度对课题的新颖性做出客观的判断；国家科技奖励的观念和做法也出现了新的变化，不再只单纯依靠科技管理部门鉴定、立项，而是依靠市场的力量来体现其价值，对科技查新咨询工作越来越重视；企业也开始认识到科技查新咨询的作用，对研发的成果进行主动查新，主动了解本行业的发展状况，从而可以有力地促进企业内部的科技创新。同时，随着国务院取消了科技查新业务资质认证，科技查新咨询业务的全准入格局也就形成，使得科技查新机构日益增多，一些独立的信息服务机构（如专利代理机构）也开始涉足科技查新业务。随着科技查新业务的经济效益日渐显著，导致了一些查新机构为了争夺客户而互相倾轧，甚至通过恶性降价争取客户，造成了查新市场的混乱。一些不具有查新资质的信息咨询单位也趁机开展了查新业务，给查新业的信誉带来严重危害。

由于缺乏公开、权威的信用信息，在目前竞争日益剧烈的科技查新咨询市场，用户与查新机构之间的信息不对称情况严重，市场需要科技查新咨询行业，但缺乏对科技查新机构的公正、客观的评价，选择科技查新机构更多的是依靠用户之间的推荐或者科技管理部门的建议，有的用户只是知道“国家一级查新资质”，却不了解国务院已经取消了科技查新业务资质认证的情况，其造成的结果是有的查新机构在业务高峰期间不断出现拒绝查新委托，甚至查新委托外包，经济效

益显著但查新质量明显无法保证的现象；而有的具有同样业务能力的查新机构由于是新发展起来的机构，没有参加原国家科学技术委员会的资质认证，或者由于所处地理位置等原因，只能是小规模地开展工作，与其业务能力、资源保障等严重不符，抑制了社会资源的有效利用，造成了社会资源的浪费。

国家取消科技查新业务资质的认证，目的是希望利用市场的“手”去引导科技查新咨询行业有序、健康地发展。但市场经济是一种以利益驱动为核心的经济体制。毫无疑问，以次充好，以假乱真，可以获得比守法经营高得多的利润。如果信用不能形成有效的制度约束时，无信用者得不到惩罚，守信用者得不到激励，企业就会不断地降低质量标准，出现类似劣币驱逐良币的现象，导致信用优良的经济主体退出市场。因此，没有信用关系的建立，科技查新市场的竞争就会处于一种无序和错乱的状态。建立信用体系可以避免这种劣化趋势，保证优胜劣汰，对于产品质量过硬、严格规范开展情报服务业务的查新机构来说是一项有利举措，有助于净化市场环境，促进查新市场的健康发展。

3.2.5.2 构建科技查新咨询信用体系，是科技查新咨询工作可持续发展的必然选择，也是加强市场长效监管的必然选择

信用体系、信用制度、信用管理行业以机构的社会化信息服务活动延长了博弈过程和时间，延长了交易的持续性，保证了市场各种经济与交易的健康进行，保障了市场的健康发展。

长效监管机制是经常和长期发挥监管效用的制度和方法，其目的是充分利用有限的监管资源，降低监管成本，提高监管效率。① 首先，建立科技查新咨询市场信用体系，可以按查新机构的信用情况进行分

① 张宝瑞. 建立长效机制提高监管水平［J］. 河北医药，2003（5）：323-324.

类并实行不同的监管和帮促政策，扶优汰劣，把有限的监管资源用在信用等级低的机构上，加大监管力度、频率，以取得事半功倍的监管成效。其次，建立信用体系有利于提高失信成本。信用体系的重要功能就是建立企业信用记录。经营者的失信行为如果被记录，失信者将为失信付出非常大的代价，不仅政府部门对其加强监督、依法处罚，而且消费者、投资者和商务合作者也会谨慎地选择，使得企业失信行为得不偿失。信用体系可以将信用信息进行累积，在一定程度上提高了企业违法违规的代价，有利于制约企业的违法违规行为。再次，建立信用体系可以把事后监督转化为事前监督，信用体系可以有效地促进查新机构对查新服务质量主动进行自我监控，避免因为质量问题导致信用的减低。同时，用户为了可以享受到更好的服务，降低交易成本，必定会认真对待查新合同的填写、查新点的提炼，为今后的服务创造便利。最后，建立信用体系有助于查新机构维护、巩固已有的市场，提升自身的形象，促进科技查新市场和谐发展。

3.2.5.3 构建科技查新咨询信用体系，是培育科技查新咨询行业文化氛围的重要方面，是科技查新咨询行业发展的新需求

在科技查新咨询行业，质量是决定其生存的根本条件，但产品质量的保障是一个复杂的系统工程，必须要从多个方面综合考虑，其中行业文化氛围的建设就是一个重要方面。构建科技查新信仰体系，有助于形成、普及诚信意识，倡导名礼诚信、平等竞争的道德风尚，反对弄虚作假、坑蒙欺诈等不道德行为。树立经济效益与社会效益“双赢”的经营思想，摒弃金钱至上、见利忘义的价值观念，促进科技查新咨询行业和谐发展。

随着科技查新咨询行业的发展，加上目前管理、制度上存在的空当，一些问题也逐步暴露出来，查新工作者在实际工作中开始了一些新的尝试。目前科技查新咨询市场由过去混乱无序的竞争开始走向联

合，出现了市场整合的苗头，笔者认为这是一种市场自我修复的体现。但我们应该看到，这种联合，并不是简单的“1+1”的组合，也不是一般的资源共享，每个联合体成员的业务能力、服务质量、诚信状况都无法相对公正、客观地获得，如果不能及时构建科技查新咨询信用体系，这种联合必将成为形式上、表面的联合，不能形成统一的品牌和有力的市场竞争力，其结果也必将为市场所淘汰。

3.2.5.4 构建科技查新咨询信用体系，是科技管理的现实要求，有利于资源共享和资源的合理分配

科学技术是第一生产力，科技创新在当今社会发展中的地位和作用日益显著，但科技创新的评价依然比较困难。由于传统的同行评议定性评价程度比较高，同时由于评议专家的个人喜好、社会利益等容易造成“人情评议”等问题，或者由于学科的细分而导致评议专家专业学科知识的局限性等情况，为此我国尝试推行了科技查新制度，从文献的角度对科学研究的新颖性进行佐证。随着科技查新咨询工作的开展和作用的显现，越来越多的科技管理部门开始重视科技查新工作，在科技创新评议的许多方面都要求申请者提供查新报告，除了原有的立项查新、成果查新、课题鉴定、专利申请等方面外，查新工作不断地开拓着新的服务领域或项目，例如，上海市针对已经结题的项目，委托查新机构开展项目后评估查新，以期帮助了解该项目的运行是否达到合理和有效率，为未来的项目决策提供经验和教训，实现科研项目的最优控制。但在目前的情况下，科研管理部门只是凭借以往的合作经验和原国家科学技术委员会、各部委通过认证的查新机构的资质，来确定提供查新服务的机构，是一种静态的、经验式的选择机制。随着查新机构文献收藏重点的转移、人员的变化，查新机构已有的业务能力可能会产生较大的差别，如果只是按照原来的经验进行机构选择，就有可能造成一些问题，而科技查新咨询信用体系的建立，为科技管理部门提供了一种更加合理、科学、动态的选择机制。

查新人员的素质是决定查新工作质量的关键因素。目前我国的查新人员队伍以图书、情报、外语等专业背景人员为主，另有一些其他专业人员。但其从业资质却十分混乱，有经过原国家科学技术委员会组织的相关培训，也有参加教育部组织的查新培训，还有直接上岗自修的，这就使得查新人员素质出现两极分化，使得查新报告质量参差不齐。建立信用体系，则可以将查新人员的业务能力、成绩、失误等记录下来，一方面可以促进查新人员的合理流动，另一方面为查新联合体提供人员素质的支持，降低合作风险和成本，提高工作效率，从而保证资源的合理配置。

3.3 科技查新咨询信用体系的构建

3.3.1 总体思路

科技查新市场信用体系作为社会信用体系建设的一个分支，承担着科技查新主要参与者的信用记录。政府行政主管部门要协调有关部门开放数据、组织建立统一的数据检索平台，并对信用信息的公开、合法、正当收集与使用通过立法的形式做出明确界定。科技查新机构在提供管理和服务及消费者在接受服务的同时，应记录相关的信用行为，该记录由行业主管部门或具有独立准入资格的信用中介机构来整理、录入、发布，这个相互关联的信用记录就构成了查新市场的信用体系的基础。

科技查新信用体系建设应该立足于我国当前的现实国情，结合科技查新行业自身的特点，建立充分体现科技查新特点的信用体系。我国科技查新市场信用体系架构宜采取政府推动、行业协会主导、市场化运作为基础的，分阶段、分步骤推进的动态机制模式，即由政府、行业协会与查新机构、信用中介机构三个不同角色，发挥各自功能，形成一个有机体（图 3.3）。

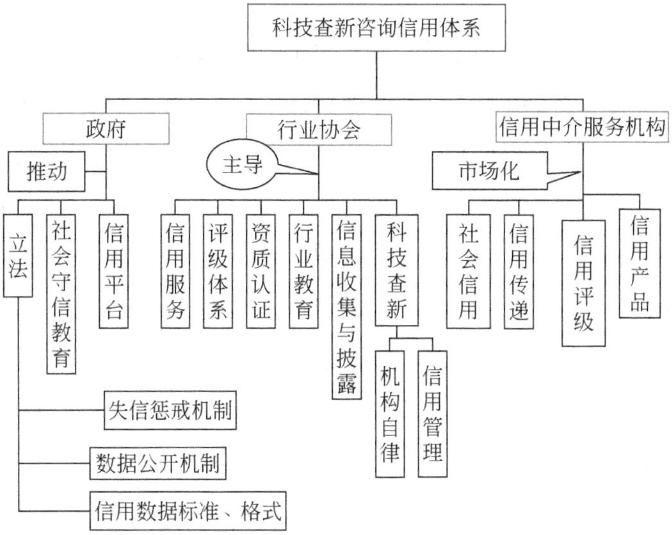

图 3.3　科技查新咨询信用体系的构建模式

3.3.2　科技查新咨询信用体系的基本构架

科技查新咨询信用体系主要由信用法规体系、信用管理服务体系、信用监管与制约体系、信用信息披露与快速传递体系等构成（图 3.4）。

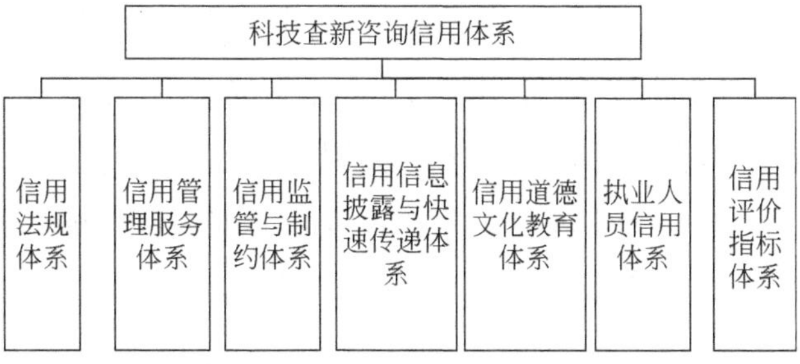

图 3.4　科技查新咨询信用体系的基本构架

3.3.2.1 信用法规体系

信用体系建设主要应该依赖正式制度的约束，因此，必须建立健全信用法规体系，完备的信用法规体系是信用行业健康规范发展的基础和必然要求。相关法规的制定和健全是社会信用制度及管理体系建立和实施的保障。信用法律环境的确立能够使政府和信用管理专业公司的征信数据的收集做到快速、真实、完整、连续、合法和公开；能够限制消费者个人数据的使用范围和限制数据的自由传播，从而合法地传播和经营经过处理的数据；同时保护消费者的隐私权和维护市场的公平竞争，使得与消费者个人进行信用交易的金融机构和赊销商取得授权的依据。我国与信用维护有关的法律条款在多部法律中有所涉及，如《商业银行法》《民法典》《民事诉讼法》《公司法》《反不正当竞争法》《合同法》《担保法》《企业破产法》《刑法》等，但内容比较零散，远未形成一套完整的信用法律体系。迄今为止，我国尚无一部关于信用方面的专门立法，也没有一部促进信用行业发展或规范信用服务市场行为方面的法律法规，不能为约束和惩戒失信行为提供完备的法律依据。

信用法律法规是信用体系构建的外部保证和制度保障，在进行信用体系建设和信用管理中要有法可依、有法必依、违法必究。一套完善的信用法律体系是建立、健全国家信用管理体系的基础。从发达国家的经验来看，信用立法工作是一个长期过程。要从实践角度考虑，建立一套符合我国科技查新领域实际情况的信用评价保障制度体系，一方面应该进一步制定和完善有关法规条例，我国的《刑法》《民法典》对失信行为缺乏严格惩罚措施的规定，应该尽快进行修改，增加强制性惩罚措施，以充分发挥法律对信用关系的刚性保障作用，进一步完善法治建设。另一方面要加强科技查新领域的法治建设，为规范科技查新市场运行，解决信用缺失等突出问题。国家应尽快出台相关的科技查新市场管理办法，对各地方管理进行统一规定。

目前我国科技查新咨询行业缺乏一个统一的管理机构，这也是查新市场目前信用管理比较混乱的主要原因之一。政府和专业协会对市场的监督和管理作用主要体现在立法和信用体系建设上。因此，查新行业呼吁行业协会是近年来大家的共识。国家要尽快确定科技查新的归口部门，成立全国范围的科技查新行业协会。科技查新行政主管部门和行业协会要根据国家有关诚信法律法规，制定与科技查新市场诚信体系相配套的行业规章和规范性文件，使诚信体系的建设和运行实现制度化、规范化。具体内容包括对信用信息的采集、整理、应用、发布、管理及信用教育和培训法律、法规和条例，使法律、规章制度真正成为保障信用资源共享、维护信用关系、保护交易合法权益、惩处毁约失信行为的有力武器。

3.3.2.2 信用监管与制约体系

信用服务市场的健康发展离不开有效的政府监管。政府监管是实施信用法规的重要保障。特别是在当前信用法律法规尚不健全，社会信用环境有待于发展的情况下，为维护信用交易双方的合法权益，规范信用服务机构的行为，维护信用市场的正常秩序，有必要建立和健全监管体系，并随着法规和市场的日益完善，逐步向政府监管和行业自律相结合过渡。坚持实行“政府推动、市场化运作”的模式，政府主要发挥规划、指导、组织、协调、服务的作用，创造公平竞争的市场环境，参与制定行业规范与标准，监督管理市场主体的行为。①

同时，要充分发挥专业协会的“自律”作用。通过集体的力量，从自身专业角度更加直接地进行预防和干预本行业的信用活动。由于是行业管理，失信的后果可能会导致从此退出这个行业（甚至以后没有机会再进入这个领域），经济主体必将更加慎重。

---

① 王锋．我国建筑市场信用体系研究［D］．重庆：重庆大学硕士学位论文，2006.

信用系统发挥作用，关键在于建立失信惩戒机制。如果失信没有风险，或者惩罚力度不够，则经济主体就会缺乏守信的压力，这正是信用问题产生的根源。法律惩罚是一件很严肃的事情，它不仅是对违规者的处罚，也是对人们行为准则的示范性界定。因此，要在加强信用市场监管的同时，必须加强失信惩戒和守信奖励机制建设，确保守信者得到利益、失信者付出代价，要把失信者的失信行为导致的交易双方的个别矛盾，扩大到失信者与全社会的矛盾，综合运用经济手段和道德谴责手段，惩治失信行为。在实际实施过程中，应遵循一个基本原则，即失信的“期望成本”一定要超过失信的“期望收益”，守信的“期望收益”要大于守信的“期望成本”，只有如此，才能将失信者从市场交易中清除出局，同时对守信者给予政策倾斜，降低一些政策风险和提高信用等级等无形资产。

3.3.2.3 信用信息披露与快速传递体系

信用信息披露与快速传递机制的作用是提高信息的透明度，尽量使交易双方掌握的信息对等。在搭建科技查新信用信息网络技术平台和相关立法的基础上，尽快将分布在相关部门和行业组织相关信息资源整合起来，实现信息共享并依法向整个市场公开披露。并以此为基础，建立对失信行为的快速反应和传递机制。一旦某市场行为主体失信，可以让失信主体的不良信息有足够多的和适当的传递渠道传播，使失信行为置于广泛的舆论声讨之中，因为只有快速传播，才能有效防止失信者再次发生失信行为。同时，也能够被相关部门及时发现，并迅速采取措施，将失信的负面效应降低到最低限度。全国科技查新市场信用网络系统的建立，可使得全国科技查新市场各信用主体的信用信息通过网络进行实时公开、统一监管，失信的信用主体将进入不良记录系统或预警系统，使其暴露于全国联网的信用监管系统内。因此，计算机网络是信用信息管理系统运作的重要基础，是信用信息传输的主要通道，把各地科技查新市场信用子系统与全国系统联网，可以实现查新市场信用信息资源在全国范围内的共享和快速、准确地传递。

3.3.2.4 执业人员信用体系[①]

科技查新市场执业人员信用属于个人信用的一部分，但其与一般意义的个人信用是有区别的。科技查新市场执业资格人员的信用，不把“信用”简单地局限在“借贷”概念上，而是基于广义信用的含义，是授信方和受信方之间遵守契约能力的约定。即科技查新市场交易活动中，市场行为主体遵守承诺，实践成约，取得对方信任的行为和规范。主要包括其市场交易的信用和合同履约信用、守法执业信用及在履行合同中所应表现出的道德、伦理信用。

在培育和完善信用市场，创建和维护科技查新市场的个人信用体系，促成良好的信用环境和规范的市场机制方面，政府应进行宏观控制和约束；科技查新协会是执业人员信用管理的主体，应该通过参与信用征信和评价，负责具体的事务性工作，建立行业内部监督和协调机制，建立以会员和会员单位为主体的自律维权信息平台，重点加强对信用征信和评估机构的监督，对执业人员进行多方位动态监督。查新机构内部应该形成执业资格人员注册单轨管理为主的模式，这是信用有效管理的基础。银行金融部门等参与和沟通，将进一步加强科技查新市场执业人员信用建设归并到全社会个人信用体系中，促进各个信用信息管理系统的互联互通，实现数据共享，为同业征信向联合征信过渡创造条件。

执业资格人员信用登记能够有效地利用政府比较完善的执业注册网络，发挥有形科技查新市场的资源优势。充分利用各地科技查新行政主管部门的权威作用，依托现有的科技查新市场和科技成果鉴定体系，进一步完善对科技查新执业资格人员的信用信息的采集、整理、

---

① 赵勇．科技查新咨询信用体系建设研究［D］．兰州：兰州大学硕士学位论文，2009.

发布系统，将基础数据通过统一网站向社会公布。同时，也应尽快建立执业资格人员的责任保险制度，有效地实现风险转移。

在科技查新市场中，培育执业资格人员信用自律机制，以良好的道德行为赢得在执业中的信用。科技查新协会应该制定和完善各执业人员的道德和行为规范，设立执业的最低的道德防线，为诚信建设打下一定的基础。

3.3.2.5 信用评价指标体系

信用评价指标体系是对信用体系进行评价的定量指标体系，是对交易主体进行客观、准确、及时的信用评级，降低信息不对称程度。信用评价指标体系的建立要在相关法律的框架内，充分体现独立性、客观性、公正性、科学性、准确性、权威性、可比性、可操作性等原则。这样，作为评判查新市场主体信用优劣的基本依据，信用服务机构出具的信用报告以其广泛应用能有效克服查新市场交易中的信息不对称，增加信用交易市场的透明度，促进信用市场公开、公平、公正竞争。[①]

科技查新信用评价指标体系应根据信用评价一般方法和科技查新行业信用评价特点来制定。要建立和完善科技查新市场企业信用评价体系，首先，国家要按照统一规范的原则，制定全社会信用评价标准；其次，国家要明确科技查新行业的主管部门，促进建立全国范围的专业协会，然后根据科技查新行业的信用特点，协同专业协会制定科技查新行业的基本信用制度及科技查新行业信用评价标准；最后，在行政主管机构和科技查新协会的监督下，由科技查新协会或社会信用服务公司对科技查新机构进行评级，统一对目前的科技查新机构重新进行等级划分（类似原来国家一级查新机构、二级查新机构等称呼），从而逐步实现社会化管理的政府发展目标，促

① 赵勇．科技查新咨询信用体系建设研究［D］．兰州：兰州大学硕士学位论文，2009.

进科技查新市场正常有序地发展。

因此，要通过加强以诚信为核心的信用文化建设，发挥政府的统筹、引导和服务作用，充分发挥行业协会在信用体系建设中的作用，引导科技查新咨询机构内部信用管理，加强科技查新咨询信用体系法律制度建设，尽快构建起科技查新咨询信用体系。

4 科技查新工作发展的问题与提升路径

科技查新工作在服务科技创新和支撑科技发展方面起到了正面作用。在以创新引领发展的新时代，传统常规的科技查新工作明显滞后于国家科技创新发展步伐，在满足国内群体性技术革命创新的发展需求方面略显不足。本章将在梳理科技查新工作发展的基础上，分析科技查新工作存在的问题，探讨新形势下科技查新工作的提升路径。最后从人员结构、服务模式机制与内容深度、服务资源与专业知识储备等方面提出相应建议和意见，以期为科技查新工作发展提供借鉴。

科技查新是在文献检索基础上进行创新点比对，进而开展项目或课题新颖性鉴证的工作。[①] 具体来说，是以待检课题的研究内容或创新点为基础，通过在专业数据库中文献检索和对比分析等方法手段，为待检课题内容或创新点作出“是否有相同文献报道”的新颖性评价咨询服务。[②,③] 自 20 世纪 80 年代以来，科技查新工作已经成为我国科学技术管理和评估评价等工作的重要环节，在项目立项、成果鉴定、专利申请、奖励申报等科研活动中均起到积极作用，在支持和推动我国科技创新和发展方面具有一定的意义。[④]

科技查新工作在国家创新发展体系所起支撑作用的体现，主要是

---

① 石颖．查新工作中的科技伦理问题研究［J］．现代情报，2014（4）：125-128.

② 任珩，王晓媛，王君兰，等．我国科技查新机构的发展态势及转型思考［J］．情报理论与实践，2019（6）：65-70.

③ 曹姝，吴曙霞，郑力，等．军队医药卫生科技查新机构评价指标体系的构建［J］．军事医学，2014（4）：305-308.

④ 吴洁霞，胡婷婷，张云星，等．大数据时代的科技查新服务转型升级研究［J］．广西科学院学报，2013（4）：281-284.

针对不同的创新需求，嵌入式地加入科技查新服务，并参与到知识产权、竞争情报、区域创新等工作链条中，发挥更大的支撑服务功能。[①,②]但从发展现状来看，被动接受、仅开展科技查新和论文收引检索的传统工作内容和模式，已经显著与国家创新发展战略实施相脱节，对于国家科技创新发展的贡献率呈现下降趋势，在应对科技革命和产业变革交汇国际形势和国内群体性技术革命创新方面略显乏力。[③] 进而导致科技查新行业在有效支撑国家战略、参与创新发展全过程和继续发挥积极作用方面存在显著短板和不足。因此，本章基于创新主体协同支撑的视角，从人员结构、服务模式和机制等方面思考了查新工作发展存在的问题，探讨了新形势下科技查新行业在构建人才发展机制，拓展服务场景和深化服务模式方面的提升路径，以期提升科技查新工作服务的质量和深度，将传统单一的科技查新机构职能转变为集科技查新、成果评价、专利服务等职能为一体的新兴查新检索机构，为我国科技创新发展提供有效支撑，在国家战略和发展体系中发挥更为重要的作用。

4.1 科技查新机构的历史沿革和现状

我国的科技查新机构发展可以大致分为五个阶段（图 4.1）：①1985～1989 年，启动起步阶段。为了配合《专利法》的实施，部分科技情报机构从 1985 年起进行专利检索、查新工作，标志着科技查新工作的起步。②1990～2000 年，机构认证阶段。1990 年，国家科学技术委员会颁布了《科技查新咨询工作管理办法》《科技查新咨询工作

---

① 王欣，刘小溪，刘夏，等．新形势下“科技查新+”服务模式探讨［J］．现代情报，2017（12）：79-83.

② 谢守美，李敏，高红，等．基于嵌入式科研服务的学科馆员与科研人员的协同信息行为［J］．情报理论与实践，2017（1）：88-92.

③ 周静，杨春国．协同创新视角下高校科技查新工作发展路径研究［J］．图书馆工作与研究，2015（7）：59-61.

管理办法实施细则》等规章制度，标志着主管部门开展了查新机构认证工作，科学技术部分别于1990年、1994年、1997年设立三批共计38家查新咨询单位；中国科学院于1993年设立了兰州、上海、成都、武汉4家查新咨询中心；[①] 教育部于1992年和1995年分别设立了15家“高等学校科技项目咨询及成果查新中心工作站”。③2000～2002年，法制化建设阶段。以科学技术部发布的《科技查新机构管理办法》《科技查新规范》为标志，科技查新工作进入了法制化建设新阶段。期间，教育部暂停了相关管理职能。④2003～2013年，管理职能转移阶段。2003年，国务院取消了“科技查新机构业务资质认定”的行政审批，科学技术部停止了对查新机构的资质认定，科技查新机构管理职能逐渐向教育部、中国科学院等主管部门转移。2003年，教育部重启了高校查新机构认定程序，相继发布了《教育部科技查新机构管理办法》《关于进一步规范教育部科技查新机构工作的意见》《教育部科技查新工作站查新报告撰写规范》等规章制度，至2014年，设立七批共计102家科技查新工作站；[②] 中国科学院依托海量数据资源和先进的检索工具手段，各查新中心分设了查新工作站，共计约60余家。⑤2013年至今，融合协同发展阶段。2013年中国科学技术情报学会科技查新专业委员会在北京成立，标志着我国科技查新工作步入融合协同发展的新时期，融合协同也将是未来我国查新机构的发展方向。在30多年的查新工作发展进程中，查新机构在进行项目、课题新颖性鉴定过程中开展了大量工作，形成了较为固定的工作机制和模式，在提供科技查新和论文收引等基础服务的同时，也显现出了在服务职能、支撑国家创新需求等方面的缺陷与不足。

科技查新（简称查新）是一项具有中国特色的文献检索和新颖性

---

① 高焕宝．全面开展科技成果查新服务［J］．图书与情报，1991（2）：28-30.

② http://www.cutech.edu.cn/cn/index.htm.

鉴证工作，[①] 是以被查项目研究内容为依据，机检和对比分析为手段，针对被查项目新颖性作出客观评价的信息咨询服务。[②] 多年来，科技查新作为科技管理和评估的重要环节，围绕着科技立项、项目验收、成果鉴定、申报奖励、专利申请等传统业务开展，在支撑科技发展和推动科技进步方面起到了积极作用。[③]

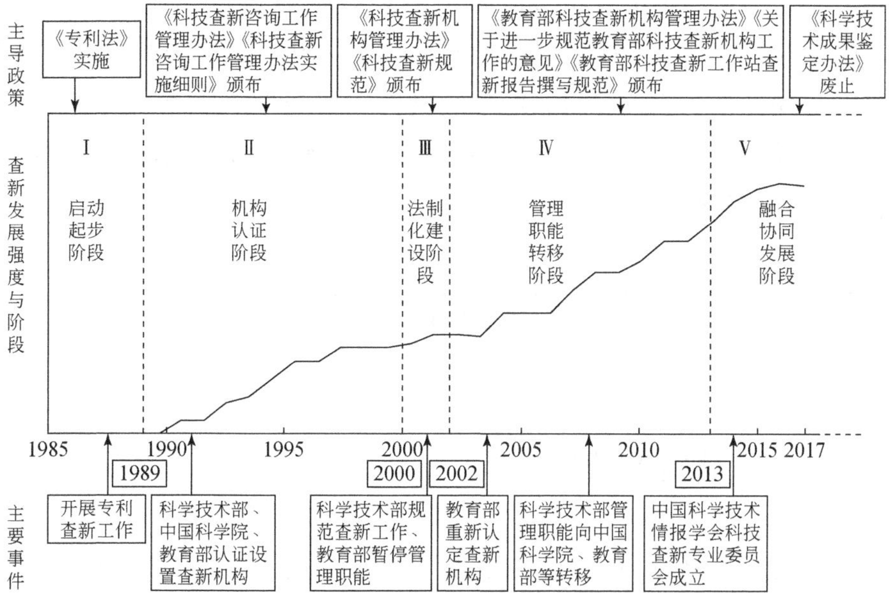

图 4.1　我国科技查新机构发展

创新已成为新时代发展的焦点，提升创新能力已经成为国家参与国际竞争、发展本国综合国力的有力武器。随着国家创新驱动发展战略，以及科技服务业加快发展政策实施，以支持科技创新为目标和宗旨的查新机构面临着转型的机遇和挑战，如何抓住国家政策支持机遇，在国家创新发展战略体系中找到一席之地，如何参与到协同创新整个

① 石颖．查新工作中的科技伦理问题研究［J］．现代情报，2014（4）：125-128.

② 曹姝，吴曙霞，郑力，等．军队医药卫生科技查新机构评价指标体系的构建［J］．军事医学，2014（4）：305-308.

③ 吴洁霞，胡婷婷，张云星，等．大数据时代的科技查新服务转型升级研究［J］．广西科学院学报，2013（4）：281-284.

过程，并在新的机制下发挥出更加积极和广泛的作用，是科技查新服务业自身进行变革和优化的关键。① 目前，国内传统查新机构“主导型”的服务职能、单一的服务内容和途径已经明显滞后于国家科技创新发展的步伐和需要，在应对科技革命和产业变革交汇潮流的国际形势方面已经捉襟见肘，无法满足国内群体性技术革命创新的发展需求。② 因此，基于服务支撑的视角，笔者从查新机构工作模式和职能、国家创新发展、国家知识产权体系、产业竞争情报等方面思考了我国查新机构存在的问题，探讨了查新机构未来的转型路径和发展方式，以案例形式简要说明科技查新机构的转型实践，以期为查新行业发展和业务拓展提供借鉴和参考。

4.2 科技查新工作存在的问题

4.2.1 人员结构有待改善

查新人员是查新业务发展和查新报告质量的保障基础。查新机构是文献情报系统的服务单元，也是直接沟通科学家群体的窗口单元，只有合理的查新人员结构才能够推进查新业务的高效完成，助推查新行业的发展。结合全国查新机构统计数据，以及中国科学院科技查新机构调研资料，查新机构的人员结构可能在以下几个方面存在问题。

一是，查新机构人员流失严重，新进员工人员减少。一方面，查新员是文献情报系统接触学科热点、领域新兴技术较早的人员，能够

① 周静，杨春国．协同创新视角下高校科技查新工作发展路径研究［J］．图书馆工作与研究，2015（7）：59-61.

② 夏旭，黄开颜，李海燕，等．试论科研项目的查新评价［J］．情报理论与实践，2011（5）：63-65.

掌握较为先进的知识和方法，进而可能在情报分析研究方面具有一定的优势，为开展战略情报、区域发展、学科情报等深层次服务奠定基础，因而查新人员极易脱离查新岗位，调整为其他工作，造成查新机构人员流失，既损失了培养查新人员的资源，又增大了培养长期服务于科技查新工作人员的难度。以中国科学院某查新咨询机构为例，从事查新工作 5 年以上的人员仅占 12.5%，近五年调整岗位进入或项目聘用人员为 87.5%；另一方面，随着文献情报研究工作的深入，人力资源分配也向战略情报、区域发展、学科情报等新兴情报研究领域逐渐倾斜，作为情报体系的传统工作，科技查新机构在人员分配方面处于劣势，加之青年人员对查新业务缺乏兴趣，导致科技查新从业人员流失严重，新进员工人员减少进而容易引起查新机构人力不足，在完成查新和论文收引报告时极易造成拖延现象，在时间上和人员精力上影响查新机构的合理高效运行。

二是，查新人员的职称结构呈现略低于控制标准态势。根据全国 109 家查新机构的统计数据显示，查新机构高级职称人员占 7.78%，副高级职称人员占 33.26%，中级人员占 48.07%，初级人员占 10.89%。[①] 正高级职称人员明显低于部分省份事业单位专业技术高、中、初级岗位结构比例控制标准，而中级人员明显高于该标准（部分省份事业单位专业技术中级岗位控制比例为≤35%）。造成这种情况出现的原因可能是由于大量的查新工作导致查新人员缺乏撰写科研论文、参与科研项目的动力和积极性，从而在职称评审时处于劣势，职称晋升滞后于同年龄段的科研人员，限制了查新员的上升空间，从而影响查新员对查新职业的认可和工作积极性，产生职业迷茫，进而可能阻碍查新工作的高效推进，造成查新行业发展受阻。

① 曹燕．科技查新机构现状及思考［R］．温州：2018 年全国科技查新大会，2018.

4.2.2 服务模式和机制有待拓展

高效合理的服务模式和机制是科技查新工作的关键。以中国科学院某查新机构为例，科技查新机构的工作模式和机制有以下两个方面问题。

一是，缺少主动服务和上门服务的主动性。传统的科技查新服务主要以“坐等服务”为特征的被动服务模式为主，在主动上门服务方面缺乏积极的行为和意识。据调研发现，科学技术部、中国科学院、教育部等相关查新机构，除部分具有上门服务的主动意识外，70%～80%的查新机构处于被动服务。

二是，缺少开拓稳定用户群的路径和措施。查新机构的任务多来源于科研立项、科技报奖、专利申报、研究生开题，以及相关的人才评估评价任务，与科研活动密切相关，查新机构呈现出过度被动依赖科研部门的状态。[①] 从现状来看，各查新机构均有各自的“势力范围”，处于“旱涝保收”的工作状态，一定程度上缺乏业务拓展的热情和积极性。随着国家创新发展战略逐步推进，传统业务在一定程度上发生了变化，例如，从2015年开始，由中组部、教育部、科学技术部、中国科学院联合实施的“西部之光”西部地区人才培养计划取消了传统的科技查新环节，2016年《科学技术成果鉴定办法》被废止，取消了以往必须进行科技查新的科技成果鉴定工作，改由第三方评估机构担任，这些导向性政策致使国内40%～60%的查新机构业务量受到影响。[②] 故而，依靠传统的被动依赖科研部门的用户来源路径，缺少合理有效的用户开拓和稳定路径及措施，可能会无法适应新的发展形

① 覃丽金，吉家凡，唐朝胜．基于查新档案利用的学科服务实践研究——以海南大学为例［J］．图书情报工作，2016（12）：95-103.

② 刘淼，刘甘明，甘甜．新形势下科技查新面临的机遇与挑战［J］．企业技术开发，2017（5）：98-100.

势，并导致出现更为艰难的发展问题。

4.2.3 服务资源与专业知识有待提升

信息和数据资源是开展查新工作的必要条件，专业知识则是进行服务必须掌握的能力和技巧。整体来看，在情报分析工具、软件，以及专业知识掌握方面仍存在一定的问题。

一是，开展深层次服务的工具和技术部局不足。随着国家科研经费投入力度加大，部分查新机构的数据资源得到了一定的改善。2017年，全国共投入研发经费 17 606.1 亿元，研发经费投入强度为 2.13%，国内大部分查新机构借以在数据库、设备、技术等方面得到优化改善。据统计数据显示，109 家查新机构中，中国知网开通率为 97%，维普为 93%，万方为 94%、Proquest Dialog 为 80%，Web of Science 为 73%，EI 为 69%。[①] 但开展战略情报、学科情报等深层次服务的技术和工具较少，统计数据显示，[②] 仅有 23% 的机构拥有 TI（Thomson Innovation），30% 的机构拥有 TDA（Thomson Data Analyzer）、Innography 等情报分析工具，在一定程度上制约查新机构开展实验室评估、人才评估、成果评价评估、专利价值分析等深层次服务工作，服务过度集中在单一的科技查新和论文收引环节，科技查新行业深层次发展受限。

二是，查新人员专业知识结构与业务需求不对等。在新理论、新技术不断出现，学科相互交叉渗透融合的背景下，查新项目随之向新兴学科、交叉学科和高端技术领域发展，对查新人员的专业要求也逐渐提升。查新人员可能存在一定的专业知识缺陷。一方面，专业背景与查新工作需求可能存在差异。图书馆学、情报学等文献情报专业背景的查新员缺乏物理、化学等学科专业知识储备，而学科专业出身的

---

① 曹燕. 科技查新机构现状及思考 [R]. 温州：2018 年全国科技查新大会，2018.

② 曹燕. 科技查新机构现状及思考 [R]. 温州：2018 年全国科技查新大会，2018.

查新员则在工作初期缺乏情报分析的综合能力；另一方面，有限的在编人员专业状况可能很难满足日益剧增的专业需求，很难实现精准、全面研判查新要点的新颖性，尤其是交叉专业和边缘学科快速发展的背景下，查新课题要求查新人员具有更高的专业结构和知识储量，若各环节出现脱节现象，则极易造成“问题查新报告”，影响查新机构的质量保证。①

4.3 新形势下科技查新工作的提升路径

随着国家创新发展战略等政策提出并逐步实施，科技查新工作面临前所未有的挑战和机遇，如何发展、如何提升、如何适应新形势是摆在科技查新工作人员面前急需解决的问题。人员结构、职业认可度、内容、机制作为科技查新工作发展的保障，也可能在一定程度上制约了行业发展，在适应新形势发展要求方面也可能存在瓶颈。经过长时间的思考与实践，笔者提出了构建以查新员为核心、外协人员为网络的“小核心、大网络”查新工作人员发展机制，搭建通过激发查新工作积极性，形成“正反馈”的职业认可度提升路径，并通过拓展科技查新工作的服务场景和升级工作模式、角色和职能，实现科技查新工作全面提升的思路，以期符合国家创新驱动发展战略的需求。

4.3.1 构建“小核心、大网络”的人员保障机制

当查新人员结构出现问题时会直接导致“问题报告”出现，进而影响整个查新机构的工作质量和业务发展。针对科技查新工作中存在

① 夏旭，黄开颜，李海燕，等．试论科研项目的查新评价［J］．情报理论与实践，2011（5）：63-65.

的人员结构问题，可以适当地调整人员引进、培养以及能力提升机制。

一是，可以通过依托单位开展全兼职项目人员聘用机制。在当前事业编制饱和、新进人员难以向查新机构倾斜的背景下，放开全职项目聘用或兼职项目聘用，提供到场工作和不到场工作的条件和资源，引入符合年龄、专业等要求的毕业生，既可以输入新鲜血液，缓解查新中心人员紧缺问题，为高等院校、科研院所提供就业机会，也可以推动查新机构形成“老中青”合理搭配的人员结构，为查新机构开展工作提供充足的人力保障，形成“不为所有，但为所用”的用人模式和机制，解决人员流失，新进员工人员减少的问题。

二是，招聘兼职人员。以具备专业知识储备的硕士研究生及以上学历在读学生为对象，设计论文收录引证、科技查新工作培训课程，提高在读学生开展查新、论文收引的能力和技巧，培养在读兼职学生的论文收录引证和科技查新等业务能力。利用查新机构丰富的数据资源，通过随意通、远程连接、到场操作等方式，将部分简单易操作的查新工作外包给兼职人员，缓解查新机构核心人员的工作压力，节省核心人员时间。①

三是，通过专业知识培训、科学人员交流沟通等方式，提高查新机构核心工作人员的专业知识储备，提升核心人员处理新兴学科、交叉学科等课题的能力。同时，结合查新行业交流、情报分析技术/工具学习等多种方式，提高查新中心核心人员开展专题定题情报服务的情报分析能力，实现查新人员向情报支撑人员和分析人员的能力和素质升级，查新中心人员工作内容由“查新、引证”等传统工作向“报告审核、能力培训、情报分析”等深层次服务转型。

四是，积极组织学术交流活动，提升查新中心人员科研能力，鼓励查新人员结合业务发展开展科研活动，为查新中心人员提升职称做

① 肖雯，燕娜，王世雯. 科技查新服务引入众包的可行性探讨［J］. 图书情报工作，2015（3）：79-84.

好支撑。同时，也需要积极呼吁相关管理部门能够在职称评审方面给予查新人员关注，缓解查新机构职称结构低于控制标准的态势。

五是，以查新机构工作人员为核心，以项目全职聘用人员、项目兼职聘用人员、在读兼职学生为外围协作，构建形成“小核心、大网络”的查新机构工作人员结构，实现人员年龄结构合理化发展的同时，兼顾学科知识储备和专业技能提升，既能提高核心工作人员参与科研活动的能力，又能为开展科研活动提供素材，促进人员职称结构优化发展，保障查新机构工作的快速、高质发展（图4.2）。

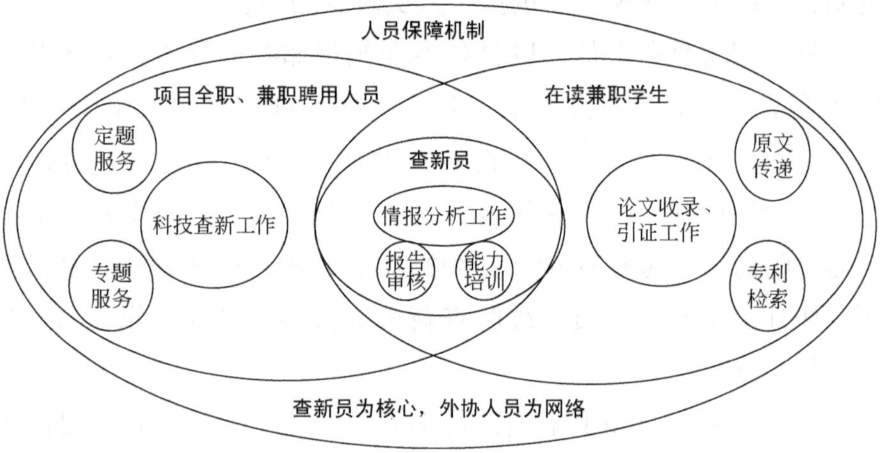

图4.2 “小核心、大网络”人员保障机制

4.3.2 完善拓展服务职能稳定用户群

2016年，国家废止《科学技术成果鉴定办法》，传统科技成果鉴定和登记的方式方法有所调整，由传统科技工作主管部门组织评估的“官方”模式调整为由生产力促进中心、具有资质的第三方评估机构等“非官方”性质组织进行，科技工作主管部门职能由管理调整为服务，这也标志着我国在科技管理方面进行市场化探索和以市场为导向

发展的开端，市场逐渐成为科技成果鉴定评价的“主角”。[①] 同时，随着国家科技创新发展，繁缛复杂的证明流程也将逐渐取消，类似的改革也将加大力度，可能会取消或者弱化查新环节，较为严重地影响和制约了查新机构及查新业务发展。因此，科技查新机构应思考向在工作服务场景和职能方面实现突破和转型（图4.3）。

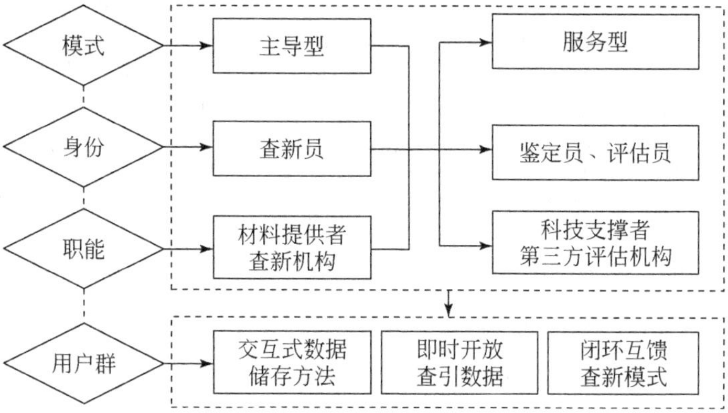

图4.3　查新机构工作模式、角色和职能转型思考

一是，服务模式从主导型转变为服务型。传统的科技查新工作具有自上而下的强制性色彩，工作主要是以查新中心为主导，用户被动接受的服务模式。随着主管部门在查新工作引导过程中的作用弱化，以及国家相关政策法规调整，这种主导型的服务模式需要熟知创新环境和背景、主动接触国家创新市场、挖掘创新用户体系，进而以“服务者”的身份开展“服务型”科技查新工作。[②]

二是，工作身份从查新员转变为评估员和鉴定员。传统的查新机构工作人员扮演着“查新点解析—数据库对比—查新结论撰写”的简单角色，未深入开展技术要点的调研分析，查新结论仅局限于“有没

① 金福兰，李向辉，李丰男．从科技查新信息解读其地方科技创新的特点［J］．图书与情报，2012（6）：123-126.

② 杨阳，任佳妮，李苗苗，等．我国省级科技情报机构业务发展探析［J］．情报理论与实践，2016（7）：32-35.

相同研究报道”，对于满足用户需求和支持创新发展有限。因此，查新机构工作人员应该从查新员向评估员和鉴定员转变，进而切实解决查新用户的深层次发展需求，并推进查新机构向第三方评估机构转型，提升科技查新机构的服务职能和高度。

三是，积极拓展和稳定用户群。科技查新工作的主战场面向高等院校、科研院所、企事业单位、政府部门、咨询评估机构等单位的科学研究者、工程技术人员、管理者、学生等群体，如何与用户群体建立互馈互补的闭环互动交流沟通模式是查新机构需要思考的问题。一方面，可以通过建立查新、论文收录引用数据的交互式储存和分析方法路径，让科学家群体及其他用户群体参与到查新工作中，共同维护数据集，进而产生互补的查新模式；另一方面，提供即时、开放的查引数据，构建科学家即时掌握查新、收引数据的互动查新网络，建立与用户群体互补互馈的闭环查新支撑模式。同时，面对企业用户群体时，需要在企业新产品、新材料和新技术研发等过程中，充分发挥情报研究人员的能力和职责，提供切实可靠的情报产品，支撑企业用户的创新过程，拓展稳定企业用户群。

4.3.3 提升资源与知识储备拓展服务场景

在资源和知识储备，以及服务主动性共同制约下，服务内容单一、服务场景固化是查新机构存在的共性问题。但随着国家创新驱动发展战略实施，对于开展现代服务工作的单元提出了更高的要求，简单重复性的工作已经不能满足智能、绿色、泛在为特征的群体性技术革命逐渐改变区域竞争格局的大背景。因此，在科技革命和产业变革交汇潮流的形势下，完善深层次服务工具、软件和方法的基础上，开展业务知识培训、学术和工作经验交流，以及再教育等提升知识储备的工作，拓展科技查新工作的服务场景，切实参与到国家创新发展的具体化支撑和实施体系（图4.4）。

图4.4　查新工作服务场景拓展路径

一是，拓展服务场景。传统查新机构仅从事科技查新和论文收引检索工作，服务场景十分有限。未来查新机构可以向实验室评估、人才评估和成果评估评价等场景拓展，将绩效评价、投入产出效益分析等为创新主体提供的服务作为新的发展方向，既可协助创新主体掌握自身科研情况和摸清成果清单，又可为创新主体布局未来发展方向、储备发展人才、加快科技成果的转移转换等提供支撑。

二是，参与知识产权体系建设。在做好专利检索、申请文本撰写等前期工作的基础上，开展专利态势分析、失效专利分析、战略布局/规划研究等宏观分析，以及专利价值分析、专利法律保护状态、专利技术演化等中微观分析工作，参与到国家知识产权体系建设的全链条中，并针对不同服务对象开展异质性服务工作。

三是，支撑竞争情报研究。围绕企业需求，关注竞争企业和对标企业，开展技术路线、产品结构、企业定位、发展战略等工作，制定具有可行性的发展思路和路径及具备可操作性的框架和方案，有效支持企业发展。

四是，支撑国家创新驱动发展战略。从支撑发展方式和动力转变、提升区域竞争能力、优化区域创新要素布局等方面支持国家创新发展战略，打破传统查新机构仅提供单一查新报告的模式，从方式、深度、广度和路径等多方面开展全方位的支撑服务。[①]

4.4 新形势下科技查新机构转型思考

4.4.1 服务国家创新发展的转型思考

从创新对国家现代化经济体系支撑来看，科技创新在实现发展方式和动力的转变、推进实体经济转型升级与提高产业竞争力、增加有效供给与满足人民需求、优化区域创新要素布局和促进地区协调发展等方面的支撑作用逐步显现。[②] 因此，科技查新机构可以立足于支撑国家现代化经济体系建设，从以下几个方面服务国家科技创新工作（图 4.5）。[③]

图 4.5 查新机构服务国家创新发展的路径

一是，拓展服务范围，将创新主体科研产出评估、人才评价、科技成果估值等业务作为新的发展方向，为创新主体掌握科研投入产出

① 任珩．基于蟒蛇语言（Python）的查引工作中他自引区分软件的设计与实现［J］．科技促进发展，2019（7）：717-723.

② 王欣，刘小溪，刘夏，等．新形势下“科技查新+”服务模式探讨［J］．现代情报，2017（12）：79-83.

③ 金福兰，李向辉，李丰男．从科技查新信息解读其地方科技创新的特点［J］．图书与情报，2012（6）：123-126.

效率、摸清自家科研成果价值提供服务，支撑创新主体科研布局、科技成果转移转化等关键工作，助力创新实现发展方式和动力转变工作。

二是，延伸服务职能，利用丰富的数据资源，实时掌控涉及环境安全、食品安全、信息安全等方面的信息资料，建立相关数据库，为政府部门决策管理、民众“知情权”需要、科学分析研究提供保障和支撑，推进查新机构“供给侧结构性改革”，增加有效供给，满足社会发展和人民生活需求。

三是，开展创新主体认证和数据收集工作，建立重点创新用户及其需求发现数据库。可以从创新主体用户身份识别、创新平台主体要素采集、矩阵式信息需求发现等方面入手，建立用户识别及其需求集成平台，为优化区域创新要素布局、促进地区协调发展提供信息支撑。

总之，传统查新机构通过“供给侧结构性改革”，从单一的查新报告撰写向探讨创新路径、提供信息资源、收集创新数据、提升服务深度等多方位的支撑职能转变，进而服务于国家的创新发展战略。

4.4.2 参与国家知识产权体系建设的转型思考

国家知识产权体系是促进科技成果持续产生，推动科技成果扩散、流动、共享、应用并实现经济与社会价值的生态系统。建设和完善国家知识产权体系，对于促进科技成果资本化产业化、提升国家创新体系整体效能、激发全社会创新创业活力、促进科技与经济紧密结合具有重要意义。查新机构拥有完备的专利检索数据库，参与专利申请前期的专利查新和检索工作，能够通过能力培训提升参与到国家知识产权体系建设的全链条中，并针对不同服务对象开展异质性服务工作。

在国家知识产权体系建设的全链条中，查新机构可以开展四个方面的工作，具体如图 4.6 所示。

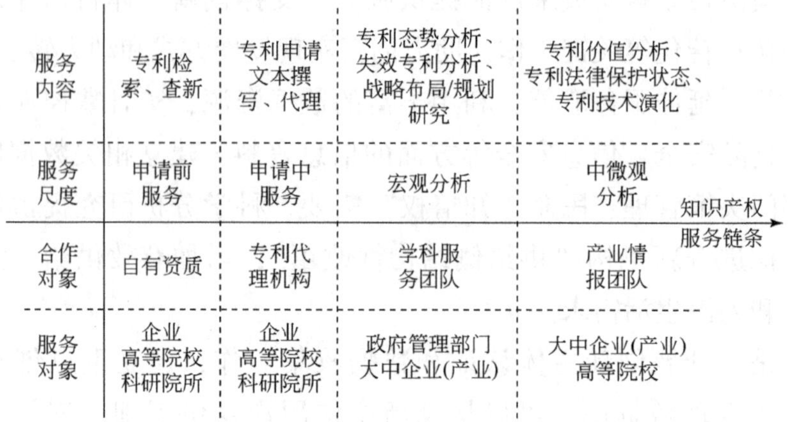

图 4.6 查新机构参与国家知识产权体系建设的路径

一是，做深专利申请前的检索和查新服务。对接国家知识产权专利检索和查新部门，统一查新原则、方法和思路，依托查新咨询经验和工具，为专利申请者提供同质化的专利查新和检索服务，提高专利授权率。

二是，联合专利代理机构开展专利申请中的申报和代理服务，将专利代理机构撰写文本的优势与查新机构新颖性评估评价的优势结合，提升专利保护权利的准确性，避免发生因文本撰写导致的专利侵权、失效等问题。

三是，联合学科服务团队，开展专利态势分析、失效专利分析、战略布局研究等宏观层面工作，利用 TDA、TI、Innography 等大数据分析工具，开展专利态势分析工作，为宏观掌握领域专利布局、特征和发展方向提供支撑。①

四是，联合产业情报团队，开展专利价值分析、专利法律保护状态、专利技术演化等中微观层面，针对单件专利，展开价值分析评估、法律状态检索查询服务；针对某技术领域专利，开展专利技术演化分

① 谢守美，李敏，高红，等. 基于嵌入式科研服务的学科馆员与科研人员的协同信息行为［J］. 情报理论与实践，2017（1）：88-92.

析，勾勒专利技术发展路线图，支撑知识产权转移转换和创新主体技术发展。

对于不同服务对象可以提供针对性的服务。针对管理单元，例如，地市县知识产权局、大中型企业知识产权管理部等部门，可以开展地方知识产权发展规划、区域（领域）专利态势与分布、区域（领域）专利布局战略研究等工作，支撑知识产权管理部门厘清现状和掌握趋势；针对企业（产业）等生产单元，开展专利技术态势、技术演化分析、失效专利分析、专利法律保护、专利价值分析等工作，支撑企业（产业）的创新发展和知识产权保护；针对科研院所和高等院校等科研单元，在专利价值分析评估的基础上，借助科技成果转移转化平台或联盟，开展专利转化推广、宣传工作。

4.4.3 支撑产业竞争研究的转型思考

企业竞争情报服务源自市场经济，是在情报研究的基础上注入竞争意识，主要是跟踪、收集与企业自身及其竞争对手、竞争环境、竞争策略有关的一切信息，既包括公开信息，更包括非公开的文献和数据，将看似孤立无关的信息通过关联整合、数据挖掘，分析整理出具有强烈针对性和对抗性的情报产品，是企业为获得或维持竞争优势而采取决策行动所必需的情报服务。科技查新与企业竞争情报服务共同点是为企业创新发展提供综合性情报信息，并进一步为企业发展提供科学决策服务。

高质量、精准化的文献检索和科技查新服务是竞争情报服务工作有效开展的重要支撑手段。查新机构可以利用自身的信息资料优势，在海量信息中为企业寻找对口企业和单元，并通过大数据挖掘、统计数据整理、文献专利标准数据提取、非公开数据共享交换等途径，快速获取准确和可利用信息，围绕对标企业和竞争企业，为企业提供竞争情报服务（图4.7）。

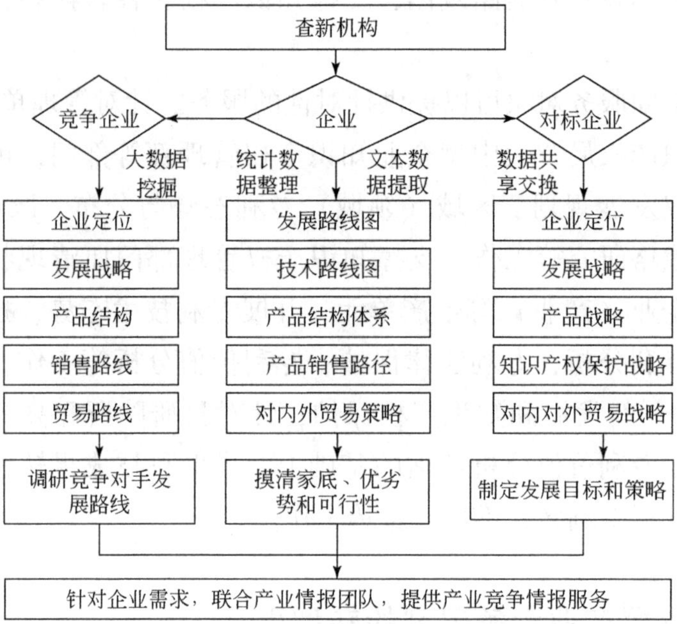

图 4.7　查新机构支撑竞争情报研究的转型思考

一是，针对企业自身，梳理企业发展路径、技术路线、产品结构、销售和贸易途径，调研新产品、新材料、新工艺的研发现状与进展；提供专业咨询服务，勾勒产品、材料和工艺的技术发展路线图；摸清企业自身家底，明确企业发展的优劣势，为寻找精确和可参考的对标企业和竞争企业提供依据，并基于自身发展基础和条件确定企业发展路径的可行性。

二是，针对竞争企业，从企业定位、发展战略、产品结构、销售贸易等方面挖掘竞争对手的现状、布局和未来发展战略，有针对性设计企业发展路径和策略。

三是，以行业内标杆企业为对标企业，围绕企业定位、发展战略、产品战略、知识产权保护战略和贸易战略等信息，挖掘和探讨对标企业发展路线和战略意图，为企业发展路径设计提供具有可行性和可操作性的思路框架，为企业发展规划设计落地提供支撑。

4.5 查新机构转型服务实证分析

我国众多查新机构所从事的常规查新工作大体一致，但也有从不同视角进行了业务拓展，在机构升级转型方面做了尝试。以中国科学院兰州文献情报中心为例，该机构查新中心自 2016 年起，从工作职能、服务科技创新、参与知识产权服务、支撑竞争情报等方面均开展了相关工作，具有一定的参考意义。

（1）开拓创新服务工作，支撑地方产业创新发展

中国科学院兰州文献情报中心查新中心基于文献情报视角，发挥文献资源优势，从产品、市场、技术和标准等层面梳理枸杞产业发展的现状、未来趋势和前景，提出产业发展的优化路线和制约产业发展关键技术和环节的解决途径，构建了枸杞产业产品、品牌、标准体系发展的对策建议，形成了《枸杞产业产品与市场发展格局及战略选择研究》《枸杞产业技术路线图研究》和《国内外枸杞质量标准体系分析》等系列报告，为政府和区域相关管理部门、企业和研究机构提供了决策参考。依托该工作申报的《基于多源数据挖掘的枸杞产业创新路径研究》成果也获得甘肃省科技情报学会科学技术三等奖。

（2）围绕地区市场和需求，推进知识产权分析服务

借助国家知识产权局专利价值分析试点和知识产权分析评议示范创建机构平台，中国科学院兰州文献情报中心查新中心面向企业和科研院所等知识产权主体，开展专利技术演化、导航、知识产权分析等工作。查新中心支持开展的甘肃省知识产权计划——知识产权战略与政策研究专项《基于专利导航的甘肃省优势特色产业技术路径解析及创新对策研究》，基于甘肃省百合和枸杞特色产业专利技术和质量标准体系分析，辨析专利技术分布格局、技术主题和路线，寻求技术发展方向，提出甘肃省百合/枸杞特色产业技术创新建议，为甘肃省百合、枸杞特色产业技术革新和升级转型提供智力支持和支撑。

(3) 服务创新用户需求，支撑竞争情报工作

中国科学院兰州文献情报中心查新中心以国家级高新技术开发区、国家级经济技术开发区和国家自主创新示范区为主的创新平台等为对象，通过收集创新平台主体的信息，建立西北地区重点产业创新用户及其需求发现数据库，提供用户基础数据和精准需求信息及个性化服务新范式，支撑相关单元识别科技成果转移转化对象，明确受让方创新能力和技术产业化实力，防控成果转移转化风险，为区域创新发展战略助力。

(4) 构建管理制度体系，转变工作职能

中国科学院兰州文献情报中心查新中心围绕提升转变工作职能，制定了以“人员管理创新”“业务管理创新”“质量管理创新”为核心的管理制度体系，主要目的是促进查新机构接轨科技创新市场和需求，提升查新从业人员的工作积极性和工作态度，推动查新机构工作人员从“查新员”向“评估员”和“鉴定员”转变。经过两三年的实施和推进，查新中心从接轨市场、工作积极性、工作态度等方面发生明显转变，直接支撑该查新机构业务质量出现较大提升，查新业务量呈现翻倍增长趋势。

4.6 新形势下高等院校教师评价制度改革的建议及查新机构服务策略提升初探

科学合理的科研评价方法，不仅为高校在人才引进、岗位聘任、职称晋升和科研绩效考核等各个环节提供了重要依据，也可以激发教师的创造性和积极性，促进教师教学和科研水平的提高。[①] 科研评价同时也是促进科技创新管理的中心环节，对高校教师的发展方向具有重

① 操太圣．“五唯”问题：高校教师评价的后果、根源及解困路向［J］．大学教育科学，2019（173）：27-32.

要的导向性作用，是引导和促进教学科研的“指挥棒”。[①] 有学者总结了改革开放以来高校教师评价体系的发展历程，指出建立健全高校教师评价体系是大学制度建设中至关重要的一个环节，深入研究高等学校教师的评价体系有重要的战略意义和现实意义。[②] 但是，现行的高校教师评价体系存在很多问题，背离了鼓励科研人员潜心做真正有价值研究的初衷，违背了科学研究创新的基本规律，最终形成了严重的“五唯”现象。[③] “五唯”即唯论文、唯帽子、唯职称、唯学历、唯奖项，“五唯”问题目前被视为教育领域的顽瘴痼疾，不仅严重影响教师队伍的发展，最终也会制约高等教育事业的发展。寻求建立科学、合理工作的学术评价体系，已成为学术界与学术管理部门共同关注的重要问题。

“破五唯”，是贯穿2020年中国高等教育发展的重要关键词。国家出台了一系列相关的政策文件，提出完善改进教师评价考核方式，要求“将完善教师考核评价制度作为当前和今后一段时期深化高等教育综合改革的紧迫任务”，提出要“围绕建设创新型国家和世界科技强国目标，结合科技体制改革，建立健全科技人才评价体系”，要求“改进高校教师科研评价，推进践行教书育人使命”。[④] 由此可见，确立科学完善的高等院校教师评价导向受到了国家相关部门的高度重视。

“破五唯”相关文件的提出，迈出了完善改进教师科研评价体系理论指导的实质性的一步，但是具体的改革措施需要高等院校结合自身特点进一步研究落实。究竟应该怎样评价一个大学教师的贡献，怎样界定一位学者研究的学术价值？高等院校在建设高素质的科研队伍

---

① 杨忠泰．完善高校科研评价的思考［J］．科技进步与对策，2013（3）：153-156.

② 田静，生云龙，杨长青，等．国内高校教师评价体系的变迁历程与阶段特征［J］．清华大学教育研究，2006（2）：58-61.

③ 王洪才．高等教育评价破“五唯”：难点·痛点·突破点［J］．重庆大学学报（社会科学版），2021（3）：44-53.

④ 王志刚．加快建设创新型国家和世界科技强国［J］．智慧中国，2019（6）：11-14.

过程中，关键就在于能否建立健全一套行之有效的教师评价体系，对教师产生有效的激励和约束效果，并进行公开、公平、科学和高效地评价。[①] 本节通过对我国高校教师评价制度的梳理与讨论，总结目前的评价体系存在问题的原因，拟针对高等院校科研评价提出可行的一些具体建议，并探讨查新机构在“破五唯”新形势下应该如何提升服务。

4.6.1 高等院校教师评价存在的问题

教师科研评价制度作为高等院校学术管理的基本制度，在提高科研成果质量、引导高等院校教师的学术行为及调节学术风气等方面都有极为重要的作用。[②] 然而，现行的科研评价体系未能发挥应有的作用和效果，主要体现在以下几个方面。

(1) 分类评价不完善

“五唯”现象最突出的特点就是用一个标尺评价所有科学研究。现行的评价体系未严格区分学科间的差别，导致学科间的研究成果不完全符合其科研目的，从而服务于学科发展。[③] 不同学科领域的研究特点不同，成果的体现方式也不同，评价标准也应该有所差异。此外，现行的高校教师考核评价没有充分体现教师工作内容的多样性和复杂性，没有建立针对不同类型层次高校、不同岗位职责的教师要求的多元化评价体系，因此难以实现评价的客观性和公平性。

(2) 评价机制行政化，重科研轻教学

高校教师评价机制的行政化对高校教师的教学与科研工作产生了

---

① 李元元，邱学青，李敏．高校教师绩效评价体系构建的思路与对策——华南理工大学的实践与思考［J］．中国高校师资研究，2006（3）：14-22.

② 李欣欣，任增元．以质量为导向的评价：高校教师科研评价制度重构研究［J］．上海教育评估研究，2020（4）：34-39.

③ 刘梦星，张红霞．高校科研评价的问题、走向与改革策略［J］．高校教育管理，2021（1）：117-124.

负面影响。教师在教学上的投入明显少于科研，教学被边缘化。[①] 一方面，教师评价中科研的比重越来越大，导致教师重视科研忽视教学的倾向更加普遍，并投入大量时间和精力来拼凑文章数量；另一方面，学校为了自身的发展、在国内外的排名以及为了获得政府的经费支持等，将对数量的追求转化为对教师工作的导向，对教师来说，科研成果是“硬指标”，教学是可以变通的“软任务”，导致教师注重科研轻视教学的后果愈加严重。

（3）评价的价值导向问题，重数量轻质量

教师科研评价制度受学术排名的驱动和管理部门可操作性的影响，对论文和科研项目数量的导向明显，且主要着重于绩效考核层面。[②] 首先，科学研究具有系统性和综合性，而职称评审或者科研奖励只要求发表论文的数量，并不看论文之间的关联性，这促使好多教师发表论文只是为了凑篇数，甚至发表的文章内容和自己的研究领域不相关。其次，高校教师评价体系中最受诟病的就是指标的量化问题，行政管理部门考虑自身方便管理和评价效率而注重量化指标。评价指标量化本身没有问题，问题在于是否恰当地使用了量化指标，过分强调量化指标存在许多问题，尤其是量化评价与奖励机制相挂钩，也在一定程度上促进了高校教师的学术造假和急功近利的思想。

（4）以刊评文，代表作评价制度不完善

现行教师科研评价体系根据论文发表的期刊分区及影响因子对论文的质量进行评价，这种评价方式是将学术期刊的整体论文水平作为评价标准，即“以刊评文”。同时把教师发表的SCI论文期刊的分区和影响因子与个人工作绩效和奖金挂钩，更导致教师过分追求发表文章数量，重成果载体，轻视成果的内容质量和创新性，重成果境外发表

---

① 张杰．高校教师评价机制行政化的成因分析：一种路径依赖［J］．黑龙江高教研究，2012（1）：56-59.

② 赵燕，汪霞．对我国大学教师评价制度的反思与建议［J］．高校教育管理，2019（2）：24-36.

轻国内首发。此外，还存在评价专著看出版社级别、评价项目看项目级别和经费、以奖励级别评价科研成果等问题，并未对代表作的质量和贡献进行评价。①

（5）评价周期短，静态评价为主

目前大多数高校对教师的评价为一年一次，周期太短，不利于开展长期性的研究，教师侧重于完成个人考核任务，同一单位内内卷化竞争而抑制了基层组织整体活力释放，无法形成合力，教师偏向于从事难度低，重复性和跟风式研究，对难度大的科技难题不愿意投入。学术研究是需要时间的，频繁考核必然引起急功近利的做法。过短时间的成果评价，容易使新颖的研究遭遇延迟认可，过早评价可能会造成承认度不足，不利于对成果的客观评价，追求短期效益的评价方式不但没有鼓励创新、促进科学原创的发展，反而阻碍了科学创新。此外，目前我国高校科技评价以静态评价为主，科研人员只需要在某次评价前的特定时期利用论文、课题等达到要求，然后在很长的一段时间内能够享受上一次评价的结果，这种评价模式不符合科研创新的要求。

（6）同行评价制度不完善

我国大学教师的评价中，行政力量在评价主体中占绝对优势，同行评议占比较低。由于科学研究的高度专业性，同行评价尤其是小同行评价在科研评价中有至关重要的作用。同行专家能对教师的研究成果作出更为客观和准确的评价，从而保证了评价的专业性和权威性，有利于真实反映科研成果的质量和贡献。目前高校同行评价作用并没有充分发挥出来，科研管理尽管在形式上依靠专家库，但机制上不完善，没有摆脱行政化影响。

---

① 戴彩丽，刘培勇．系统推进教师科研评价改进工作切实提升高校科研创新质量［J］．山东教育，2020（11）：8-9.

4.6.2 高校教师评价体系改革的建议

新时代的科研评价新理念、新思想，在学术界及科研管理部门均已得到广泛共识，但是如何构建一个符合新时代要求的、科学合理的高校教师科研评价体系，是目前是高校人事和科研管理部门面临的难题。针对上述评价体系存在问题的分析，提出以下几点建议。

（1）完善分类评价体系

高校应结合实际，根据不同学科的发展特点构建有利于自身发展的不同评价标准和评价方法。科学看待、区分 SCI 在基础研究、应用研究和成果转化评价体系中的应用。对于理科等基础学科要强化论文数量和成果的创新性、理论创新性和学术前沿性和影响力；工科等应用性研究专业要强调技术突破性、应用前景、创造的经济效益、获得的专利授权量及专利转化情况等；而人文社科类应注重论文发表情况、专著出版情况以及其对决策支撑性和社会影响力。采用分类分层评价方法，适度淡化科研评价激励的约束功能，创造宽松的科研环境。针对院系、研究基地、科研团队、个人等不同的评价对象，也应设立不同的评价标准，有针对性地评价不同类别教师的实绩、贡献和能力，建立这种符合各评价对象特色的分类评价机制，有助于不同的高校充分发挥其人才优势和学科优势，有助于高校内部各方面资源的合理使用和优化配置。①

（2）以质量为导向，多指标评价相结合，注重代表作评价

科研评价指标应运用两条黄金法则：一是决策过程中需要同时参考定量与定性指标；二是在做定量分析时，需要结合多维度的指标以

① 陈晓清，詹启伟，姜田．关于深化高校科技评价改革的思考与建议［J］．中国高校科技，2014（Z1）：23-25.

支撑验证结论。[①] 首先，科研评价过程不能单一使用定量指标，但也不能完全否定定量指标，定性指标需要定量指标的数据支撑，两者应该相结合。其次，科研评价过程中要突出代表性成果在学术评价中的重要性，注重代表性成果的质量、贡献、影响，[②] 突出评价成果质量、原创价值和对社会发展的实际贡献以及支撑人才培养。注重质量评价，避免重数量轻质量，建立并实施有利于教师潜心教学、研究和创新的评价制度。最后，应采用以评价文章内容为基础，而不是采用评价这篇论文所发表的出版物的评价标准来代替。

(3) 建立长周期动态评价制度，加强同行评价制度建设

要注重个人评价与团队评价相结合，对教师的考核不宜过频。评价应关注教师的发展，实行动态的发展性评价，构建动态的评价指标体系。除了注重传统意义上的终结性评价，还应注重过程性、阶段性评价。按项目周期评价科研成果，给予教师充分的研究时间，而且在评价体系中突出这些科研成果的权重，鼓励高校教师重视基础性理论研究，不断提升自主创新能力。建议取消对每个教师的年度考核，针对教师个人的考核建议 3 ~ 5 年一次比较合理。年度评价应以团队整体考核为主，合理设置考核评价周期，探索长周期评价，降低考核频率，营造宽松的评价氛围。从政策上促进教师融入不同层次的团队，在团队负责人主导下发挥每个教师的优势，按劳分配。

此外，应加强同行评价制度建设，建议采取小同行评议，同行专家能对教师的研究成果作出更为客观和准确的评价，从而保证了评价的专业性和权威性，有利于真实反映科研成果的质量和贡献。

(4) 重视教学和师德师风的考核

教师科研评价过程中应注重对教学质量和师德师风的考核，多

---

① 倪思洁．评价论文的指标不能用来评价人［N］．中国科学报，2017-04-13，(01)．

② 丁雅诵．形成评价科学、规范有序、竞争择优的职称制度［N］．郑州日报，2021-03-01，(08)．

维度考评课堂教学效果、教学改革与研究、教学获奖等教学工作实绩，提高教学业绩在评价中的比重。应实行教师自评、学生评价、同行评价等相结合的综合评价。西北工业大学与清华大学率先制定并发布了新的学术评价标准。两所学校的科研评价改革之处均主要体现在“突出师德考核”，“加大教学业绩考量”和“改变科研评价方式”等三个方面。此外，不“唯论文”并非“唯教学”，而是要对高校教师进行综合评价，如师德师风、教育教学、科学研究和社会服务等。

（5）重视非学术影响的评价

非学术影响，指的是相对于学术产出（如论文、专著等）的影响，而是指对社会、经济、文化、公共政策、医疗、环境和公民生活质量等产生影响和改变的成果，[①] 比如网文、博客、科普、展览、文化讲座、公共讲座、社交媒体的活动等。英国的“卓越科研框架”（REF）评估体系最先提出将“非学术影响评估”引入科研评估，[②] 该创新做法可为改进和完善我国高校的社会服务和贡献评价体系提供借鉴经验。浙江大学率先将“网文”纳入学校科研成果统计、各类晋升评聘和评奖评优范围。随着网络信息技术的飞速发展，学者们逐渐倾向于利用网络社交媒体向大众分享科研成果，传统的文献计量指标难以及时反映研究者科研成果的价值，替代计量指标得以兴起和广泛应用。科研评价过程中应结合替代计量学（Altmetrics）指标进行补充，将量化评价指标结合多维度的定性评价，形成多元化的高质量教师评价体系。替代计量学为科研评价体系带来新的视角，其有利于更好地记录和反映科研成果对社会大众产生的非学术影响。[③]

---

① 王楠，罗珺文. 高校科研成果的非学术影响及其评估：是什么，为什么，怎样做？［J］. 华东师范大学学报（教育科学版），2020（4）：62-71.

② 茹宁，闫广芬. 非学术影响评价：英国 REF 科研影响评估的创新性评析［J］. 国家教育行政学院学报，2020（9）：24-34.

③ Bornmann L. Do altmetrics point to the broader impact of research? An overview of benefits and disadvantages of altmetrics［J］. Journal of Informetrics，2014（4）：895-903.

(6) 科研评价应男女有别

调查表明,[①] 我国科技界男性与女性的数量差异并不大，但在高层次人才中，女性占比很低。比如，国家杰出青年科学基金获得者中，女性占比为5% ~6%；两院院士群体中，女院士占比为5%左右。除了性别差异，还包括生育问题、科研评价体系、社会偏见等各种原因。女性较男性承担更多的社会和家庭责任，女性的科研生涯通常会有2~3年停滞期。而我国许多青年科技人才的选拔将年龄线不论性别统一设定为35岁。各类人才计划应考虑到女性生育、育儿的性别特点，在年龄线设置上做到“男女有别”，使女性入选青年科技人才计划的年龄上限高于男性，以利于女性科技工作者的事业发展。

4.6.3 查新机构服务策略提升建议

长期以来，受评价方式的影响，查新机构服务长期为高等院校、科研单位、政府部门和企事业单位等在申报院士、“杰青”“优青”，职称评审，年终奖励，职工入职，科研立项，项目评审，成果鉴定，奖励申报等各种科研评价工作提检索服务。目前查新机构出具的检索报告形式比较单一，没有深层次挖掘论文的质量。在目前“破五唯”的新形势下，查新机构应该积极探索如何更好地服务高等院校进行教师科研评价，利用自身的资源和服务优势提升服务策略。

首先，为了更好地服务高等院校开展完善科研评价方式，第三方机构如查新机构为高等院校教师提供的论文检索报告应不再局限于简单的收录引用，应结合自身的数据库检索资源，在提供传统的论文收引检索的基础上，应积极探索扩展检索内容的深度。例如，提供代表性论文的成果查新，评价其是否有创新性。

---

① 杨纯. 科技领域女性高端人才缺位严重 [N]. 科技日报，2010-02-01，(04).

其次，看论文产出的同时，要注重研究工作的关联性和系统性，发表的论文之间关联性要强，科学问题明确集中。因此，查新机构的检索报告除了常规收录检索，应该明确指出作者发表的论文是否有关联性，研究工作是否有系统性。

再次，查新机构服务内容应包括综合多维度评价指标结果。检索报告内容除了文献发表数量、被引用次数，还可以包括基金资助情况、CS（爱思唯尔推出的全新期刊评价指标 CiteScore）、学术成果被社交媒体或新闻媒体的转载或者传播情况、推广应用取得的经济和社会效益等其他指标。

最后，针对不同类型的科研开展全面的综合评估报告，围绕发表论文的质量和贡献，进行定量指标、定性指标、机构对比、国际比较等的综合评估，如研究的重要性及影响、研究的创新点、5～10 年间的研究潜力、研究工作与国际小同行的比较等。

目前更多的高等院校还处在教师科研评价改革的压力与迷茫之中，均处于探索阶段。查新机构等第三方评价机构有义务参与到教师评价的政策制定中去，利用自身的资源和服务优势，探索提供开展多元化和全面性的检索评价机制和方法，协助高等院校构建更适合各自特点的科学评价方式。

4.7 小结与展望

随着国家创新发展战略等政策提出并逐步实施，对于传统的查新机构提出了更高和更为精准的服务要求，局限于科技查新报告撰写的“材料提供者”职能已经不能够满足于科技创新发展的需求，急需向服务科技创新、参与知识产权体系建设和支撑竞争情报等角色转变，也反映出查新机构未来的发展方向。①,②本章提出的转型思考可以推进传统查新机构建新的业务和服务体系。首先，开拓新业务，精准服务科技创新。将单一查新业务转变为集科技查新、成果评价、专利分析、企业服务等为一体的多方位业务体系，可以规避由于政府政策引起的行业风险，进而解决查新机构发展后续无力的问题。其次，扩展服务对象，接轨新的服务主体。将传统查新对象由局限于项目申请、奖励申报和课题开题等负责人提升扩展到包括政府部门、企业、科研院所、高等院校等不同创新主体在内的科技管理、研发、生产、需求方、竞争对手等不同层次人员，查新目的也由狭隘的“材料提供者”延伸为包括掌握领域态势和方向、追踪发展脉络和热点、挖掘核心技术和方法、摸清竞争现状和对策，以及寻求知识产权保护等在内的“创新支撑者”。只有这样，科技查新机构才能够针对不同需求，提升科技查新服务和范围，在国家科技发展和经济建设运行中发挥更重要的作用，为我国科技、经济与社会发展贡献应有的力量。

随着《科学技术成果鉴定办法》废止，作为传统查新机构优势业务的科技成果评价，其组织鉴定方式和机构发生改变，由以前的政府科技主管部门转移至专业评价机构执行，标志着我国正在探索和建立以市场为导向的新型科技成果评价机制，新型科技成果评价将由市场“唱主角”。因此，只有顺应发展趋势，转型传统主导型的服务模式和职能，改变传统“自上而下”强制性服务的“主导型”工作模式，弱化主管部门在查新工作中的主导作用，以及政策制度对行业发展造成的影响，主动接轨科技创新市场和需求，以“服务者”的身份开展“服务型”科技查新工作；同时，身份定位从“查新员”向“评估员”

① 吴洁霞，胡婷婷，张云星，等．大数据时代的科技查新服务转型升级研究［J］．广西科学院学报，2013（4）：281-284.

② 王欣，刘小溪，刘夏，等．新形势下“科技查新＋”服务模式探讨［J］．现代情报，2017（12）：79-83.

和“鉴定员”转变。[①] 以客观存在事实为依据，以真实反映科技现状为目的，针对科技创新活动的科学价值、技术价值、经济价值、社会价值等进行客观、公正评价评估。只有这样，查新机构才能够实现从传统查新机构向第三方评估机构转变，查新机构职能从“材料提供者”向“科技支撑者”跃进，进而提升科技查新机构的服务职能和高度（图4.8）。

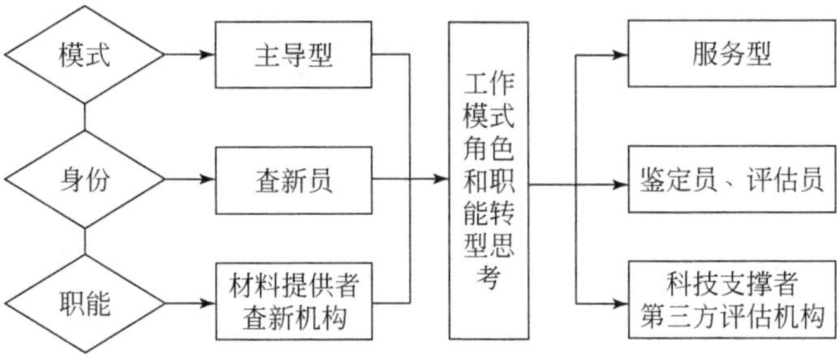

图4.8　查新机构转型提升思考

① 王晓海，王胤威．图书馆开展科技查新服务的探索［J］．商品与质量：消费研究，2014（12）：183.

5 科技查新工作流管理模式

5.1 传统模式

查新工作的传统模式主要是依靠面对面、电话或者电子邮件的沟通方式进行。下面从查新整个工作流，包括委托人（客户、用户，以下简称委托人）接待、查新委托、查新受理（前期准备、检索实施、文献整理、撰写报告）、用户缴费和查新归档等步骤进行详述。

5.1.1 委托人接待

（1）用户须知

科技查新的第一步工作是接待用户，这也是成功完成项目查新的基础工作。通常情况下，查新机构会张贴《用户须知》，其内容包含如何填报纸质版《科技查新委托书》（以下简称《委托书》）、委托期限（委托当天至获得查新报告的时长）和收费标准等。在委托环节中，接待人员要明确委托人的查新要求和查新目的，确定委托人项目的创新点（查新点），明确收费情况，指导帮助委托人填写《委托书》等。

（2）填写《委托书》并签订查新合同

《委托书》的内容由接待人员和委托人共同完成。委托人自己填写的内容包含所需查新项目题目，项目技术要点及介绍，查新范围，委托方单位、地址、邮政编码，委托人或负责人姓名和联系电话等。

接待人员填写内容包括查新项目登记编号（应有年度时间和项目名称），检索工具和检索数据库，查新费用，查新单位地址、邮政编码、电话号码等。委托书填写好后，委托人将其与相关必要资料如研究报告、项目总结报告、成果申请表、专利说明书、结构图或配方、产品样本、测试报告等交给接待人员。此外，委托人需要与接待人员、查新员签订查新合同，明确双方的责任、义务和履行期限。这一部分是委托人和接待人员手工处理过程，因此在整个填写过程中，要做到字迹工整，表达清晰，在条件允许的情况下，查新检索人员也要尽可能参与沟通，进行面对面的交谈，了解所要查新的项目的内容和创新点，尽可能详细地了解项目的实质性内容，便于查新工作快速有效开展。

5.1.2 查新受理

查新单位受理委托后，检索工作开始之前，查新人员通过《委托书》及委托人提供的相关材料如研究报告、专利说明书、可行性报告等充分了解查新课题后，制定检索策略。查新员需要和委托人一起分析探讨项目内容，也需要借助专业检索工具，如根据《中国图书资料分类法》找出正确的分类号，国外查新在确定检索词时需要翻阅专业外文词典和《汉语主题词表》，并且通过字典进行核准，这样不仅避免了检索一些非实质性的词语费时费力，也避免了对别名、俗名、商品名、学名及同义词的漏检。确定好检索词后，开始制定检索式，进行数据库文献检索。文献检索分为机检和手检，查新人员一方面通过电脑在网络数据库中进行查找，有时候也要去寻找纸介质的专业文摘等文献材料。在手检时，需要将有关的文献题目、出处、作者及研究内容等信息记录下来，便于后期整理。文献整理时，将机检和手检的文献与查新点一一比较分析，按照相似性的大小依次排序记录，具体可分为切题文献、密切相关文献、一般相关文献。将这些筛选出的文献列在题录单上，并且将具体内容复印或打印，用附件形式添加在查新报告中。

5.1.3 报告撰写

在查新报告撰写的过程中，首先根据《委托书》规范准确填写查新项目登记号、委托项目信息、委托单位信息、查新机构信息及查新报告的完成时间，根据检索结果，将所使用的数据库、检索策略和机检手检收集的检索结果粘贴在报告中，并且指出题录单上文献的相关程度和明确数量。查新报告完成后交给审核员审核，一式两份（或者三份）然后加盖公章，报告生效。

5.1.4 缴费

委托人在签订查新合同后需要去财务缴纳押金，根据查新范围的不同，上缴的费用金额不同。委托人缴费登记之后查新员开始受理委托，报告完成前客户去财务部门结算报告费用，并记录发票号。

5.1.5 查新归档

查新报告一式两份（或者三份）盖章后，一份（或两份）交给委托人，另一份需要存档。查新人员需要将委托书、委托人提供的相关材料、查新合同、检索过程、计算机检索打印单、检索结果、查新报告纸质版和电子版及相关附件，均移交给档案管理人员。档案管理人员将一应材料仔细核对签字后，对材料登记整理，将材料放进专用的档案袋，并且标注登记号、查新项目、报告信息、时间等存入档案库。①

---

① 祁卓麟，赵慧清，罗红彬，等. 科技查新档案的网络化管理［J］. 大学图书情报学刊，2009（2）：49-51.

在传统查新的整个过程中，存在大量的手工和重复性工作，不论是委托人、查新工作人员都会浪费了大量的时间和精力在沟通、填写一些反复性的工作，劳动强度较大，查新工作效率较低。

5.2 流程化管理模式

从科技查新传统管理模式可以看出，查新工作从用户委托开始，到信息查询，再将查新的结果传递给相关的高等院校、科研单位、政府部门和企事业单位等，具有较强的流程化管理特点，可以基于查新业务流程进行管理与控制。科技查新流程化管理是将业务流程再造和排队论运用在科技服务领域，通过对科技查新工作流程优化，满足不断变化的用户和环境的需求，提高服务质量。

5.2.1 科技查新程流化管理特点

1）流程化管理最重要的特点是突出流程，科技查新是依托于用户，但是不完全依赖于用户，属于事务执行性流程，在流程化管理过程中不牵涉许多利益相关者，可以实现“以用户为中心”服务方向，兼顾组织管理的简单且高效的工作方式。

2）流程化管理需要明确的业务流程主线，科技查新是以需求为导向，在工作流管理过程中可以实现从结果入手，根据业务主线，反向倒推过程，并将零散的业务和环节集成组织起来，使流程的各个方向和经营策略配合得更加密切。从服务需求入手，就能突出用户服务、突出产出的效果效率，实现服务价值增值。

3）流程化管理将整个查新业务及管理活动重构、简化、整合成一个流程，以全流程的观点来取代个别活动的观点，打破职能化的内部管理等级制度及职能部门本位主义的思考方式。

4）强调运用信息工具的重要性，需要充分利用网络化管理技术。

5.2.2 科技查新业务管理系统构建

科技查新业务管理系统应用结构层次可划分为四个层次八个功能模块，从低到高为单元业务应用层，具体为业务信息模块、客户功能模块、查新人员功能模块、信息交流模块；内部管理应用层，包括系统管理模块，档案管理模块；单位整体优化应用层，包括业务支撑模块、对外接口模块；业务链应用层。[①]

1）单元业务应用层。这一层主要是将传统的具体业务进行电子化处理。其中，业务信息模块主要是对原有相对静态的信息进行管理，例如查新机构介绍、服务范围、委托须知、收费标准及委托流程等；客户功能模块的功能包括个人信息管理、查新委托、进度查询、费用缴纳和报告下载等；查新人员功能模块包括查新受理、检索过程和检索结果上传、审核员审核等；信息交流模块的主要功能是实现用户与查新员、查新员与审核员之间的信息交流传递。

2）内部管理应用层。这一层主要是对平台信息进行分析、控制。其中，系统管理模块的功能有系统任务角色划分（如查新员、委托人）、权限管理、财务管理、平台管理及数据接口定义等；档案管理模块可实现档案管理人员导出电子版委托项目相关材料（主要包括查新委托书、查新报告），在查漏补缺后完成最终的存档操作。

3）单位整体优化应用层。这一层可以实现平台与其他系统，如内部财务系统、信息传递平台、文献资源平台等的有效结合。其中，业务支撑模块和对外接口模块可以实现推送信息、提供原文传递服务，也可以给查新员推荐学术资源库；协助科研管理人员核查报告的真假性、客观性等。

4）业务链应用层。这一层是管理的中心，集中与协调业务链的各

---

① 李更. 科技查新业务流程的再造［J］. 合肥工业大学学报（社会科学版），2007（6）：188-192.

个环节，并将查新平台的各个应用模块与用户管理、服务链管理、计划与排程等节点进行网络化。

5.3 精准化管理模式

随着科学技术的不断发展，各学科领域研究逐渐精深，专业划分逐渐精细，查新机构不断调整服务的方式和模式，面向需求导向、问题导向和主题导向，建立与时代要求相适应的情报咨询发展势态。查新形态从原来的单一性查新逐渐转变成为创新主体提供多方位的情报服务支持工作，包括科研立项、成果鉴定、成果评奖、项目验收、标准（申报、有效性）、专利申报、知识产权评议、重大科技成果发布、人才评价、人才引进等科研活动服务。依据不同查证的目的、主体及需求等要求，出具不同版本的查询、查证报告，逐步由“粗放、被动、单一型查新”转向“精准、主动、多样性查新”。在“精准查新”的架构下，基于多元化的文献资源，综合运用各种分析方法及工具，依据判断精准原则，获取相关文献，根据内容得到查新的精准结论，通过专家咨询审核，形成精准查新服务模式。要想保证查新报告的质量、科学性和准确性，只有从查新工作的每一个环节角度进行精细化管理，才能做到“精准查新”。

5.3.1 查新项目的创新类型

查新项目的创新类型细分为原始创新、集成创新和改进创新，依据其创新类型不同，查新报告中项目技术要点和查新点描述侧重点、对比文献及结论均有所不同。就技术要点和查新点来说，原始创新侧重描述项目的技术创新内容，包括项目的构成、工作原理及采用的工艺方法，强调项目技术的新颖性及创新性；集成创新侧重描述项目集成技术的分项技术或研究内容；改进创新侧重描述项目引进吸收的核心技术、关键技术及再创新技术。就对比文献来说，原始创新重点对文献进行逐一的相关性、单一性对比分析，找出与查新项目各个查新点内容最密切相关的文献；集成创新要对检出文献进行逐一的相关性对比分析判断，或对查新点相关的内容、技术指标等进行综合对比，明确它们的不同；改进创新重点对检出文献逐一进行相关性对比分析判断或综合性技术判断，在分析的基础上，对查新点相关技术进行综合对比。就结论来说，通过逐一对比结果，原始创新结论中应突出体现查新项目的创新型和新颖性；集成创新应突出体现查新点所述集成技术的应用领域和新颖性；改进创新应突出体现引进吸收技术是否有公开报道，并提出改进技术的新颖性。①

5.3.2 查新服务建设

查新工作的整个流程均依靠查新人员的智力劳动，俗话说“隔行如隔山”，查新项目分配到具有专业背景的查新人员手中往往更能准确快速地理解技术要点，把握查新点。因此，在查新人员安排上，查新机构要精准对准查新项目的需求学科，实行按专业分工任务的分配机制。在查新队伍建设时，查新机构要根据目前查新人员的学科背景进行“短板式”招聘。

5.3.3 信息资源和物质配置

在文献资源配置方面，查新机构根据目标用户群体的委托决定购置数据库，对于委托量大的领域尽可能全面且长期购置相关数据库，委托量小的领域采取阶段性购置。一个查新机构可与其他查新机构、

① 周立秋，任佳妮，钱虹，等．“精准查新”服务初探［J］. 中国科技资源导刊，2019（5）：78-82.

图书馆或情报研究所开展全域化合作，建立与查新相关机构的信息互通机制，实现广角化的精准查新服务。当数据库资源受限或在查新高峰期时，可借助合作单位的数据库资源和人力资源。在查新数据库选择方面，有时会出现委托人选择检索的数据库资源不在项目内容范围内，因此，查新员需要充分衡量次数据库对项目查全、差准的贡献情况，如有价值且必要，可将此数据库划分到查新范围内。在人员物质资源方面，查新机构应考虑绩效考核体系，按照“多劳多得”的分配方式，在原有的工资基础上，对勇于在高峰期承担“高压”任务的人员基于精神与物质的双重鼓励与奖励。

5.3.4 服务评价反馈

查新的整个流程中融入评价反馈体系，从而不断改进工作机制，完整服务质量链。在委托人咨询委托查新的过程中，查新机构可在现场、电话或邮件回复中增加评价环节，实现查新接待受理事前评价的监督机制。在经过检索分析、文献对比、报告撰写、审核员审核、用户取得查新报告前，可将调查问卷发送给用户，对查新报告的质量、查全查准程度、查新各环节的满意程度进行评价，并对期望改进方面和后续需求提出建议。[①] 报告归档后，查新员应及时收集调查问卷并整理相关意见，发现问题并进行反思与改进。

5.4 流程化精准管理

科技查新流程化精准管理是利用互联网技术将查新业务、流程化管理以精准化管理的理念结合起来，从查新报告委托、受理、检索、撰写、出具、归档的查题管理，从设备、财务、人员绩效考核的日常

---

① 赵宁. G大学图书馆科技查新流程优化研究［D］. 哈尔滨：哈尔滨工业大学硕士学位论文，2016.

工作管理，都做到全程在线管控，实现每一个环节可追踪、可监控、可管理。随着我国科技体制深化改革，信息化进程加快，国家对科学研究创新项目大力支持，高等院校、科研单位、政府部门和企事业单位等对科技查新的需求与日俱增，科技查新机构从“网络化、标准化、规范化”的高度和视角出发，建立并逐渐完善科技查新信息服务系统，提高科技查新机构的管理水平、工作质量和服务水平，实现现代化的查新业务工作流精准管理。

5.4.1 系统平台架构设计

系统平台的架构体系分为：表示层、控制层、业务逻辑层、数据持久层、数据库层 5 部分。①表示层是展现给用户的界面，是用户使用系统平台的接口，界面在设计时遵循实用、友好的原则，一方面通过 HTML、CSS 等技术把平台各个功能模块展现给用户，另一方面将过 JSP 和 Struts2 等技术将用户信息通过控制层交给业务逻辑层处理。②控制层：根据用户请求调用相应的业务逻辑完成逻辑处理，同时将业务逻辑层处理后的结果返回到相应的表示层呈现给用户。③业务逻辑层处于表示层和数据层之间，主要包含 3 个层次，分别是业务流程层、服务组合层和服务组件层。查新业务流程层中主要包含查新服务、及时通信服务、门户网站服务、业务统计服务 4 个主要服务；服务组合层是相关的提供单个细粒度服务的服务组件层组合成基本业务流程。④数据持久层将经过业务逻辑层处理过的数据持久化到数据库中提供了操作数据库的功能，包括连接数据库，执行数据操作（如数据记录的增加、修改、删除、查询等），维护数据连接存储及数据库调用等。⑤数据库层的主要功能是存储系统平台的数据，由于科技查新业务的特殊性，数据信息在存储过程中进行加密处理，以保证用户信息安全、防止数据被窜改、删除。

系统平台架构体系的设计实现了科技查新的流程化精准管理，用户通过表示层对系统平台发送访问请求，通过控制层应用服务器进行数据的分析、处理，经数据库系统逻辑处理后生成新的页面，再通过服务器返回给用户，以达到满足用户需求。①

5.4.2 系统平台主要服务设计

查新信息服务系统管理主要包括查新站管理、用户管理、财务管理、档案管理、平台模块管理等。

（1）查新站管理

该管理模块主要是针对服务商对多个查新机构的系统平台管理，是服务平台与查新子站的接口，该模块在开发设计时，其核心问题一为系统高度安全性，查新站的整个服务都基于互联网，因为网络本身就有很多不可控安全问题，服务商需要全方位考虑各种安全威胁，让查新机构放心地将相关数据交由服务商管理；二为数据隔离设计，系统平台要在数据库及程序的设计反面建立多用户模型，实现各查新站之间数据等相互独立和隔离；三为面向服务架构，针对不同的查新机构，根据其业务需求，设计开发面向不同业务需求的查新工作系统平台。

（2）用户管理

为了满足不同人员的需求，完整的查新用户管理模块应该包括查新用户、查新员、审核员、咨询专家和管理人员。管理人员应包括财务管理人员、档案管理人员、系统管理人员和行政管理人员，有时也涉及业务督导人员和查新机构管理人员。根据不同的角色层次，赋予不同权限，如个人信息修改、系统维护、业务分配、项目审核、统计分析等。

---

① 李亚冰，卞艺杰，赵喆．基于SaaS模式的科技查新工作平台研究［J］．计算机与现代化，2013（2）：61-64，68.

(3) 财务管理

财务管理包括收入流水、支出流水、财务报表等管理模块。每一个查新项目都有明确的费用记录，一般费用是在用户缴费后自动生成，也可以由管理人员手动录入其他相关收入数据。对于一些外协专家的咨询费、审核费及电话费、数据库使用费等也可以由管理人员添加。此外，财务人员可以按照时间范围、委托类型等生成相应的财务报表。

(4) 档案管理

通过查新信息服务系统进行查新报告档案归档，不仅要考虑延长档案保存期限的同时做好保密性与完整性工作，还要考虑到档案统计管理的多样性。系统平台可以通过任意字段，如年份、地区、专业等多字段进行电子档案的查询、分类、统计、入库等。存档的报告形成机构内部查新项目数据库，通过该数据库中的委托书、查新报告、技术报告等材料可建立不同专业特色的数据库，实现资源共享，同时也能用于查新检索，避免重复立项带来的重复性工作。

(5) 平台模块管理

这一模块包括机构简介、注册登录、统计分析、意见反馈、信息推送、查新知识、用户须知、查新案例等基本模块。各模块都具有增加、修改、删除、查询等基本操作，以便平台管理员维护更新。

5.4.3 功能模块构建

根据查新工作流程，将系统用户划分为查新用户、接待人员、业务分配员、查新员、审核员、财务人员、系统管理员、档案管理员、咨询专家 9 种角色。

(1) 查新用户模块

查新用户需要在系统中注册个人账户才能以系统分配的唯一 ID 登陆此模块，查新用户的主要权限有：修改个人信息、在线填写查新委托书、查看项目分配情况、项目进度、委托历史信息、下载费用清单、下载查新报告。一个账户下面可以委托多个项目，根据项目处理进程，用户还可以更改委托内容，“待分配”状态可以撤销委托，“初检”状态可以修改委托内容，“存档”状态，用户只能查阅委托历史、下载报告和反馈意见。

（2）查新任务接待与分配模块

对委托人提交的查新委托书进行受理，受理完后根据查新内容所属专业、查新员的工作量和专业背景，根据系统中显示的每个查新员业务量及相关专业背景介绍，查新业务分配员或者系统自动将查新委托分配给对应专业的查新员或是处在空闲状态的查新员。

（3）查新员模块

查新员模块有查新事务模块、信息交流模块、报告管理检索模块。查新事务模块主要是委托书查看与受理、查新任务催办、分配查新编号，检索过程与结果上传、查新报告上传、提交审核、修改报告；信息交流模块功能包括与用户、业务分配员、审核员及咨询专家交流。报告管理统计模块包括查看报告缴费情况、个人工作量、报告分类情况等。

（4）审核员模块

审核员模块实现的主要功能为审核查新报告，当审核员收到查新员完成的报告后，对查新报告进行审核。如果审核通过，标记“已审核”，报告转给查新员打印，然后交给用户，查新报告完成，查新项目自动转到已审列表中，便于查询或归档。如果报告需要退回修改，审核员填写审核意见退回给查新员修改，然后再重复上述过程进行再审核。另外，审核员模块也具有查看查新员状态、财务档案信息的功能，通过对所需数据统计分析，一方面便于根据查新员已完成的项目和正在进行的工作情况，督促查新员；另一方面可以建立阶段性统计表，便于对上报数据材料进行总结。

（5）财务员模块

财务员可以根据日期、委托类型等进行分类查询，可统计、查询各阶段各单位、国内国外项目数量及缴费情况，可以根据查询的结果生成各种财务报表，并且根据查新用户填写内容处理发票业务等。

(6) 系统管理员模块

系统管理员的职责包括查新系统管理、查新流程管理和用户管理。查新系统管理模块包括平台简介、查新须知、查新案例、注册登录、信息推送等功能；查新流程管理模块包括查看和发布流程；用户管理模块主要有用户信息编辑、角色分配、权限管理，系统管理员根据用户角色通过添加功能完成各个角色权限范围设置。每个模块包括系统管理员都有查看、增加、修改和删除权限。

(7) 档案管理员模块

档案管理员可以按委托类型（科技查新、论文收引检索、查重、专题检索）、用户分析（机构类型、区域分布）、查新范围（国内外、国内）、查新目的（立项、成果鉴定）、委托单位、查新员、联系方式、缴费状态、到账时间、发票状态、开票信息、邮寄信息等按起讫日期进行课题数量统计，并生成统计报表。在管理档案中为确保档案的完整性，避免网络的一些不确定因素，档案管理人员要定期将电子文档进行异地备份。

(8) 咨询专家模块

咨询专家只处理受邀咨询的项目，咨询问题来源于委托人或者查新员，咨询专家不直接与他们联系，只有查看咨询问题和给予回复的权限，双方的交流处于“匿名”状态。

5.5 集中管理模式

集中管理模式是用于相同行业或同一管理部门范围内（如军队系统、电力行业）查新机构的一种模式，将这一行业下分散式查新机构转变为中心管理机构统一管理，在这种模式下的查新员和审核员可以分散在各查新机构中，甚至是一些通过查新管理机构的培训考核的图书馆馆员，他们不挂靠于任何查新机构。集中式查新管理系统与分散式管理模式差异较大的模块主要有：查新委托模块、后台管理委托模块、查新员和审核员分配模块、电子签名及盖章模块。

5.5.1 查新委托模块

在集中管理模式下，查新项目均委托在查新管理系统平台下的，委托内容均须要按照固定模式上传，这种格式化的输入方式保证了项目信息的完整性和明确性，以便项目可以按具体学科领域分配给相应的查新员与审核员，后期归档时也可以根据不同字段存储在不同数据库中。

5.5.2 后台管理委托模块

查新项目在进入中心平台后，管理员需要实时监控平台中未完成项目，根据查新项目的流程状态督促相关人员，确保委托项目顺利执行。

5.5.3 查新员和审核员分配模块

集中管理模式下，查新任务的分配是由查新机构中统一分配的，在查新员选择上，有专职查新员、认证检索员与兼职查新员，根据查新委托任务量的大小，由系统或者人工综合考虑查新员的资历、特点及工作量，将查新任务分配给最合适的查新员，提高服务效率。与查新员分配一样，审核员也是由系统根据审核员的特点和当前所承担任务量进行分配。此外，查新项目在进入中心平台后，业务分配员还需要实时监控平台中未完成项目，根据查新项目的流程状态督促查新员与审核员，确保委托项目顺利执行。

5.5.4 电子签名及盖章模块

查新报告在完成后自动生成附带电子签名信息的PDF格式，为了防止代签和待审的现象，需要采用适当的签名机制以解决出具报告地点及查新员与审核员所处地域差异带来的远程签名问题。签审过程根据用户角色和流程环节设置控制权限，通过选择查新报告独有特征，如查新报告编号，然后选择查新员或审核员姓名、查新报告页码等，采用人员定位+电子签名+人脸识别+自动计时相结合方式完成电子签名。此外，查新报告中不再用某查新机构章，而是统一用查新专用章。

5.6 科技查新服务拓展模式

5.6.1 文献资源文献信息资源共享平台

查新机构、研究院所、高等院校和企业之间的文献信息资源分布存在着类型、优势学科差异，各单位均为自行购买，没有实现共享，不能最有效地分配利用文献资源。可以通过科技主管部门将各查新单位、科研院所和高等院校及企业的科研数据和资源整合，统一订购与管理，形成科研信息数据开放式平台，实现信息共享。查新机构在自身数据库不能满足检索要求的情况下，可以借助其他机构的资源，对委托项目全面检索，提高查新报告质量。此外，查新机构也需要加强与社会上的科技咨询服务机构的合作，扩大联盟成员，实现资源优势互补，延伸服务内容，完善科技信息服务体系，真正有效发挥其助推科技创新的能力。

5.6.2 查新档案资源服务升级转型

查新档案不仅保留了查新服务的重要输出产品，还保留了某一领域中有价值的文献资料，例如新技术、新产品信息，换种角度看，这些内容反映了该研究领域或者学科研究进程以及发展趋势。[①] 因此，查新机构可以利用大数据技术开发并利用科技查新档案的资源信息，应用和完善科技查新档案的价值，为各类用户提供增值服务。查新机构可以组建服务团队对国家或省部级专项、重点用户、科学家从文献检索、项目申报、中期考察、结项验收、成果鉴定和申报奖励等方面进行全方位的跟踪服务，根据用户的需求与研究方向，精准定位，为用户提供“快、全、准、专”的一条龙式服务。此外，也可用于开展信息科普教育、推送个性化服务、帮助科研创新立项等。

5.6.3 科技查新与竞争情报服务融合

利用科技查新机构自身处理信息的优势，运用 TI（Thomson Innovation）、TDA（Thomson Data Analyzer）、CIS（Competitive Intelligence Systen）等数据检索、清理和分析软件，对查新信息、专利信息等进行更进一步挖掘分析，开展学科馆员服务、学科竞争力分析服务、知识产权服务、企业创新战略服务等工作。通过文献计量和情报信息调研，判断项目价值，将其转化为具有竞争性和前瞻性的情报产品，还可以提供逻辑清晰、展示直观的技术路线图，在海量信息中为高等院校、企业等找到对口的信息和资源。这不仅提高了科技查新服务水平，促进了文献资源信息的有效利用，助推科

---

① 夏冬，任波，文庭孝.5G 环境下科技查新提质增效的服务模式研究［J］. 图书馆学研究，2020（11）：52-57，77.

研成果转化，还可以帮助科技计划项目精准立项，提升企业核心竞争力，促进区域创新发展。[①]

5.6.4 通过第三方 APP 拓展服务的平台

互联网、云计算及智能手机等科学技术的迅猛发展给人们生活带来了便捷，通过手机、IPAD 等移动终端进行沟通交流、浏览资讯、处理事务已经成为越来越多人的习惯。在此背景下，查新机构可以研发手机客户端查新 APP，精准定位目标用户。利用手机通过第三方 APP 接入微信登录实现查新委托申请、材料上传、受理分配、进度查询、报告获取和资料归档等操作，充分利用移动互联网和大数据，为用户提供更快捷、高效、优质、全面的科技查新服务。

① 郭毅，舒剑梅. 大数据环境下科技查新机构的创新服务模式探讨 [J]. 科学技术创新，2018 (3)：94-95.

6　科技查新工作流管理自动化实践与案例分析

6.1　科技查新工作流管理自动化现状

随着国家科技大环境的不断变化，大数据、新兴信息技术及强大的分析工具，这些都为科技查新咨询服务带来了新的变化和挑战。[①] 目前，国内不少查新机构已开始通过建立自己的查新系统或平台，通过网络发布查新信息，采用电话、邮件、QQ、微信等通信方式与查新用户进行联系，实现了从网上委托到交付报告等查新业务流程的处理。随着计算机和互联网的发展，查新机构的工作方式和管理方式也从线下到馆处理逐渐发展为在线自动化处理。

国内31家省级科技情报研究所（信息所）中，已经建立查新管理系统实现网络数字化管理的有16家，如广东省科学技术情报研究所、陕西省科技信息研究所、山东省科技情报研究所、甘肃省科学技术情报研究所等。全国102所教育部查新站中，已经建立查新管理系统实现网络数字化管理的有33所，如浙江大学、清华大学、重庆大学、中国石油大学等。其他行业查新机构建立查新系统的较少，有查新系统的如浙江省水利河口研究院、广东电网公司电力科学研究院、中国石油兰州化工研究院信息研究所等。

国内查新管理系统中，取得计算机软件著作权的软件有11套，具

① 任珩，任波．科技查新的发展及其提升路径研究［J］．科技促进发展，2020（10）：1151-1156.

体如表6.1所示。

表6.1 全国查新系统计算机软件著作权列表

登记号	分类号	软件全称	版本号	著作权人（国籍）	首次发表日期	登记日期
2013SR084028	30104-8300	科技查新网络服务平台	V1.0	杨勇（中国） 黎邦群（中国）	2013-02-01	2013-08-13
2013SR069713	10100-8400	科技查新服务平台	V1.0	王宇（中国） 于恒君（中国） 赵鹏（中国）	—	2013-07-20
2012SR098612	30200-8400	科技查新管理系统	V2.0	东华大学（中国）	2010-10-12	2012-10-19
2012SR042806	30200-8400	科技查新自动化办公系统	V1.0	燕山大学（中国）	2008-09-01	2012-05-24
2011SR098841	30200-0000	科技查新管理系统	V1.0	中国科学技术信息研究所（中国）	2011-05-15	2011-12-21
2011SR094724	30200-7700	科技查新综合业务管理系统	V2.6	甘肃省科学技术情报研究所（中国）	2011-01-24	2011-12-14
2011SR061264	30200-0000	科技查新网上受理系统	V2.0	温州市赛峰科技服务有限公司（中国）	2011-05-06	2011-08-29
2010SRBJ3993	11000-0000	科技查新业务电子流程化管理系统	V1.0	北京泰得文通科技有限公司（中国）	2009-12-01	2010-09-05
2010SR026080	65000-8500	科技查新管理信息系统	V1.0	广东省医学情报研究所（中国）	2006-01-01	2010-06-01
2010SR016234	65000-8300	科技查新网上受理及反馈系统	V1.0	山东科技大学（中国）	2009-12-18	2010-04-13
2008SR33720	65000-8300	科技查新网上委托及管理系统	V1.0	广西壮族自治区科学技术情报研究所（中国）	2007-07-24	2008-12-11

6.1.1 系统更新慢，版本陈旧

通过查新委托人身份进入多家查新机构在线平台发现，部分查新委托系统已经多年未更新，无法正常进行在线委托，仍需拨打电话咨询查新机构，或到馆委托，或通过QQ、邮件等方式提交查新合同或委托单，在线查新委托系统成为摆设。还有部分查新在线平台只针对内部人员使用，并不对外开放。同时，一些在线查新系统由于更新频率较慢，网站仍为老旧版本，委托用户提交委托，操作体验感不佳，提交流程复杂烦琐且缓慢。虽然现在部分科技查新机构已经建立了在线查新委托系统，但是一些科技查新委托系统长久未进行更新，功能简单，不便于及时沟通反馈信息等，已经不能适应当前业务量激增、用户对查新服务需求不断增加的新局面（表6.2）。

表6.2　全国部分高校科技查新平台客户端建设情况

机构名称	所属地区	是否对外开放	架构模式	更新频率	主要服务内容
苏州大学图书馆	华东地区	否	AJAX技术	慢	科技查新、论文检索、专题服务
天津市科学技术信息研究所	华北地区	是	B/S模式	快	科技查新、论文检索
湖南大学图书馆	华中地区	否	基于WEB	慢	科技查新、论文检索、专题服务
广西区科技情报研究所	华南地区	是	ASP. NET技术	快	科技查新、论文检索
哈尔滨工业大学图书馆	华北地区	否	基于NoteExpress	慢	科技查新、论文检索、专题服务
甘肃省科学技术情报研究所	西北地区	是	SQL、ASP、基于WEB	快	科技查新、论文检索、知识产权评议
四川省科学技术信息研究所	西南地区	是	J2EE、B/S结构	快	科技查新、论文检索、专利分析

6.1.2　自动化处理程度低

由于国家级、省部级等科研项目立项、成果申报时间相对集中，查新高峰期时用户委托集中，查新时间紧急，查新任务工作量大，给查新人员带来巨大压力。因此，面对查新任务时间紧和任务多的问题，查新自动化处理就成为未来科技查新工作的发展方向。虽然现在部分科技查新业务管理系统实现了信息化管理，但目前已公开报道的各机构查新管理系统从服务流程到服务内容都存在差异。科技查新业务系统虽然已基本实现了查新管理的电子化，但具体到独立科技查新报告撰写，各类查新机构仍停留在人工工作的状态。另外，查新管理系统也还未能与诸如财务系统、快递系统、手机移动端等互联互通，所以目前查新管理系统仍无法起到关键作用。① 智能化和自动化程度的低下将导致查新人力和时间的大量投入，查新员也会在业务高峰期时处于超饱和状态工作，这对查新员的发展和查新报告的质量保障来说均是不利因素。

6.1.3 查新大数据资源浪费

从大数据分析的视角来看，每个科技查新机构在线系统中的委托单或查新报告均是具有重大挖掘价值的文本。目前，查新机构只是统计年度科技查新的查新类型数量、查新目的、查新范围、所涉及的学科领域等信息，对于科技查新报告深层次的大数据信息还没有充分地重视与利用。例如，对于海量用户信息，没有做到系统的梳理分析，从而无法为用户提供更加优质、个性化的推送服务，实施课题跟踪和专项定题服务。因此，需要重视对科技查新大数据信息的收集和提炼利用。利用大数据的技术方法，深度挖掘查新用户所需要的信息资源，提高科技咨询数据资源的利用和开发能力，加强查新信息资源的采集

① 李美凝，张芹，张秀美．基于 LDA 主题模型的高校科技查新服务新方法探索［J］．图书馆杂志，2020（10）：45-52，62.

和长期保存工作，构建智慧查新信息服务体系，打造科技查新大数据。[①] 在做好查新服务过程中，为用户提供增值性服务，深化信息服务的内容，使科技查新工作提升到一个新的层次。

6.2 构建基于大数据与自动化的科技查新综合管理平台

6.2.1 需求分析

面对大数据时代科技查新咨询服务存在的不足与问题，科技查新机构必须积极探索创新服务模式，重视对大数据信息的采集和利用。借助大数据平台，改变传统的被动科技咨询服务理念，通过推进数据库平台建设，拓展服务范围，深化服务内容，提升查新自动化的能力，为用户提供更个性化、定制化的科技咨询服务。

大数据时代查新用户不再满足于文献信息的整理分析，而是寻求数据资源评价推荐、计量可视化的数据分析，以及学科信息态势监测、动态分析预测等咨询服务。由于科技查新的委托用户存在很强的异质性，不同类型的用户需求与使用体验感存在差异，对科技查新服务的要求也不同。所有人在互联网上的活动都是有迹可循的，利用大数据的相关技术方法可以全方位了解和捕捉相关委托用户的数据需求，通过一定的算法将科技查新用户的观点、评论、需求偏好和行为习惯等特征，依据他们的行为特征进行匹配服务推荐。[②] 采用大数据技术将查新数据中的委托人信息，如单位类型、分布地区、查新目的、学科背

① 马兰梦，袁飞，李珑．基于多维度用户数据挖掘的精准查新服务策略研究［J］．图书馆工作与研究，2020（8）：108-114.

② 刘熙东．科技创新智库服务：高校图书馆科技查新发展方向［J］．内蒙古科技与经济，2020（13）：123-125.

景等进行统计和分析，并针对不同目的、不同背景的委托人提供多元化的查新服务。例如，可以根据委托人单位类型和学科背景为其提供特色服务，若委托人学科背景为工程类，单位类型为企业，那么查新机构可以在为用户提供科技查新报告的基础上，为用户提供更多研究课题相关的专利检索分析与知识产权情报服务等。因此，大数据环境下基于科技查新用户行为与体验反馈，可以为用户提供深层次的精准服务推荐，利用大量的互联网数据进行分析后针对不同群组中的用户进行个性化服务推荐，通过相关数据挖掘方法，帮助查新机构开展多元化信息咨询服务。

虽然目前国内大多数查新机构通过信息技术对查新工作流程进行了重构，实现了在线接收委托申请、审查申请委托、分派查新任务、查新、审核、提交查新报告等功能，建立了不同的查新管理平台，而且针对自动化查新的研究多集中在查新任务自动分配、查新报告自动生成、查新咨询服务自动答疑、查新自动评价等方面。但具体到查新工作，查新管理系统仍无法起到较好的辅助作用。例如，关键词自动抽取技术在文献检索、自动文献摘要、文本分类等领域都有很广泛的应用，如信息检索领域，好的关键词可作为全文索引的补充，有助于用户发现相关文档。利用网络爬虫技术实现文献资料自动抓取关键词，基于查新项目及与项目相关的动态文献语料进行检索词抽取，可以辅助查新员快速找出相关检索词，增加对查新点或技术特征的概念词提取、自动翻译、集成文献数据库检索等功能，依托查新平台通过建立用户关系库，抓取科研用户以往的学术成果，评价其学术水平。当“全人工查新”工作方式转变为“人工+自动化”的查新工作模式后，一方面自动查新可以提高查新客观质量，另一方面查新员也可以有更多时间完成更多查新项目，提升服务效率。

针对科技查新服务流程中大数据资源浪费的问题，可以通过构建综合信息服务平台，采集和保存科技查新信息资源，分析和开发利用海量数据资源，打造科技查新大数据。[①] 一项科技查新完成后，不仅只是存盘存档，针对查新过程中产生的系列数据信息，通过深度加工分析，可以建立相应的科技查新数据库系统。例如，当用户委托查新机构进行论文检索，提交了用户发表的文章目录信息，查新机构经过检索对提供的文章信息进行了重新加工，得到了详细的收录与引用情况。这一数据信息就应该被保存至科技查新大数据库中，当用户发表的文章信息有收录与引用次数的变更时，可以及时告知用户，并针对新增引用文献中的评价进行分析，提供给用户更加详细个性化的信息咨询服务，以及用户研究相关领域更多的文献信息资源。根据用户以往的科研成果、感兴趣的研究领域及思维方式等特征，通过用户在平台上传的基本信息，对信息资源进行分类筛选加工，构建能够满足用户个性化需求的数据资源库，是科技查新服务模式创新的重要部分。只有当数据库建设工作得到人们的重视以后，科技查新服务的质量和效率才能更有保障。[②]

6.2.2 系统简介

中国科学院兰州查新咨询中心是原国家科学技术委员会认定，中国科学院设立的国家一级科技查新咨询机构。查新范围覆盖数学、物理、化学、海洋学、气象学、地球物理学、化工、材料、生物、医药卫生、农业、水利、林业、建筑、建材、食品、电子、计算机、冶金、机械、纺织、造纸、能源、石油、石化、环境、地质、交通运输、航空、航天及社会科学等领域。中心本着科学、客观、公正、准确的宗

---

① 魏晨，王健美，凡庆涛．大数据背景下运用 SWOT 分析竞争情报与科技查新的融合［C］．北京科学技术情报学会．2017 年北京科学技术情报学会年会——“科技情报发展助力科技创新中心建设”论坛论文集，2017：270-275.

② 孙秀良，张杰，安贺意．基于工作流的科技查新管理服务系统的构建［J］．图书情报导刊，2019（3）：21-26.

旨，依托中国科学院丰富的馆藏资源，为高等院校、科研单位、政府部门和企事业单位等提供科研立项、成果鉴定、高新技术产品、奖励申报、论文引证等信息服务。

综合以上分析，结合中国科学院兰州查新咨询中心现状，基于 Windows Server 2012 + Tomcat + Mysql 环境，构建报告真伪验证、科技查新新闻公告、查新/收引一站式服务、工作进度查询、多途径智能缴费、用户意见反馈收集、数据多通道导入导出等平台功能框架，开发了用户需求委托、真伪验证、数据统计分析等独立系统单元和分析模块，以“人性化、智能化和一站式服务”为原则和准则研发了科技查新和论文收引检索服务平台。同时，集自动采集数据平台（自动化采集收录、引用数据，查新关键词抓取）、他引自引区分软件（SCI、CSCD 他引自引区分软件解决人工排除自引繁杂工作）、用户识别验证平台（用户及时查询报告完成进度、验证报告真伪度）、对外宣传管理平台为一体。

6.3 查新平台的系统设计与架构

6.3.1 平台的技术选型及特点

中国科学院兰州查新咨询中心查新平台以 Java 语言为基础开发，使用 IDEA 作为开发工具，服务端采用 Spring Boot+ Apache Shiro，数据库采用 MySQL5.7，持久层使用 Hibernate、JPA、QueryDSL、SpringData，前端使用 FreeMarker +Html+Bootstrap+Jquery。采用主流的 B/S 结构，成本低、易于维护、分布性强、使用简便。

6.3.2 平台的系统架构

平台基础框架为 Spring Boot，简化了 Spring 应用的整个搭建和开发过程，集成大量的框架，从而使得依赖包的版本冲突和引用的不稳定性等事件得到了很好处置。

权限框架采用 Apache Shiro，它是一个强大且易用的 Java 安全框架，具有执行身份验证、授权、密码和会话管理及关联用户、角色、菜单、权限等基础功能（图 6.1）。

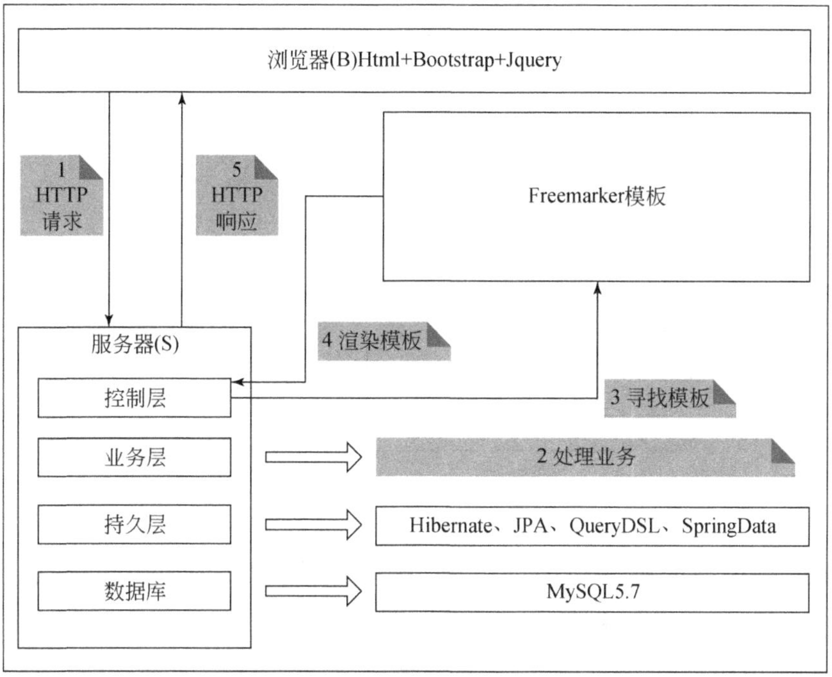

图 6.1　系统架构模型

6.3.3 运行环境

平台运行环境为 JDK1.8 + MYSQL5.7 + 轻量级 Web 应用服务器

Tomcat8. 5。

6. 3. 4 角色与功能设计

平台功能主要包括客户业务模块（面向委托人）、管理员业务模块（面向管理员及查新工作人员）系统数据管理模块和查新报告真伪验证模块（图 6. 2）。

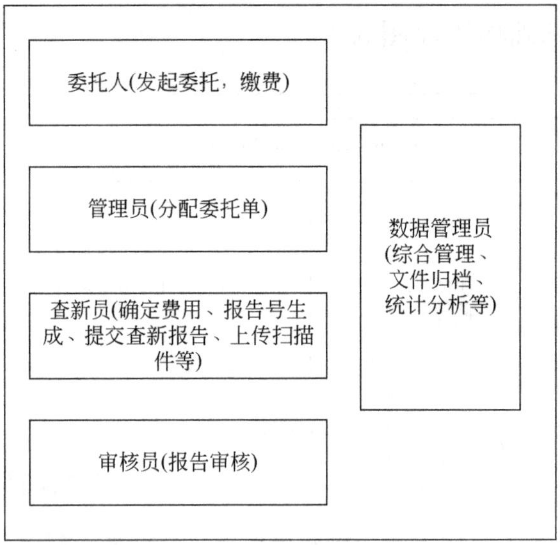

图 6. 2　角色功能说明图

1）在客户业务模块中，以客户注册模块、委托单提交模块、缴费模块、查新报告下载模块为重点模块。

委托单提交：查新委托人填写查新内容。委托业务主要由科技查新、论文收引检索、查重及专题检索四类构成。其中，科技查新需要填写的具体内容包括查新范围、项目名称、委托人信息、查新目的、希望获取报告时间、委托单等内容。论文收引检索则需要确定检索数据库，如 SCI、CSCD、SSCI 等，还需要填写其他检索要求，如自/他引排除标准、待检篇数、待检年限等。查重则需要选定查重目的，系统内置选项有：项目结项、课题报奖、项目立项、基金申报和其他。选定查重目的之后上传查重文本，提交并等待查重。专题检索则重点阐明专题检索需求和检索主题简介等。在具体委托任务工作完成后，委托人登录系统进行本次查新委托任务的缴费，缴费完成后下载查新报告。所有纸质版报告委托人均可在系统中选择自取、快递到付、快递寄付三种方式获取。

2）在管理员业务模块中，以科技查新模块、论文收引检索模块、查重模块、专题检索模块为重点模块。

当用户提交委托任务单后，各业务模块管理员可根据不同委托任务类型，以及各查新员已有的任务，将委托任务合理分配给对应的查新员进行查新，并在委托分配单中填写备注信息。除对委托任务进行分配以外，各业务模块管理员还可查看委托任务办理历史，同时将报告的扫描件与发票扫描件进行上传。

查新员根据分配到的查新任务检索查阅大量文献并利用科学、新颖的科技评价方法，撰写并提交一份具备前瞻性、科学客观的查新报告，再将报告上传至系统中，并在系统中为其申请报告号，最后将本次查新费用录入系统后等待审核。不同委托任务的查新员可在办理历史中查看当前已接受委托任务以及委托任务目前的处理状态、费用、报告号等信息。查新员也可上传报告扫描件及发票扫描件。

审核员可对已完成的委托任务进行审核，若符合科学标准，则表示该委托任务通过审核，若不符合标准则审核不通过，被驳回后由查新员对查新报告进行修改完善后再次提交等待审核。审核员也可查询所有委托任务及目前的处理状态、费用、报告号等信息并上传报告扫描件以及发票扫描件。

3）系统数据管理模块主要由系统数据管理员对系统数据进行管理维护、查新任务量等各类数据报表统计、数据导出、系统设置等功能构成。系统一般生成报告号由年份+报告号初始值组成，数据管理员可对报告号的年份、报告号初始值进行设置。同时，查新系统还提供综合业务查询功能，数据管理员可在系统中浏览所有类型委托任务的全部历史信息。在综合业务分析模块中，数据管理员可根据不同分析时段、查新员、委托任务类型等对数据进行统计分析，并生成对应的统计图谱。

4）查新报告真伪验证模块主要用报告号与联系人的信息，来实现真伪验证，若为真则可生成真伪验证信息。

6.3.5 数据库设计

中国科学院兰州查新咨询中心查新平台选择了体积小、速度快、成本低和可兼容多种操作系统的 Mysql 数据库来存储数据。数据库表主要分为角色权限、栏目内容及数据模型、查新业务三部分（图 6.3）。

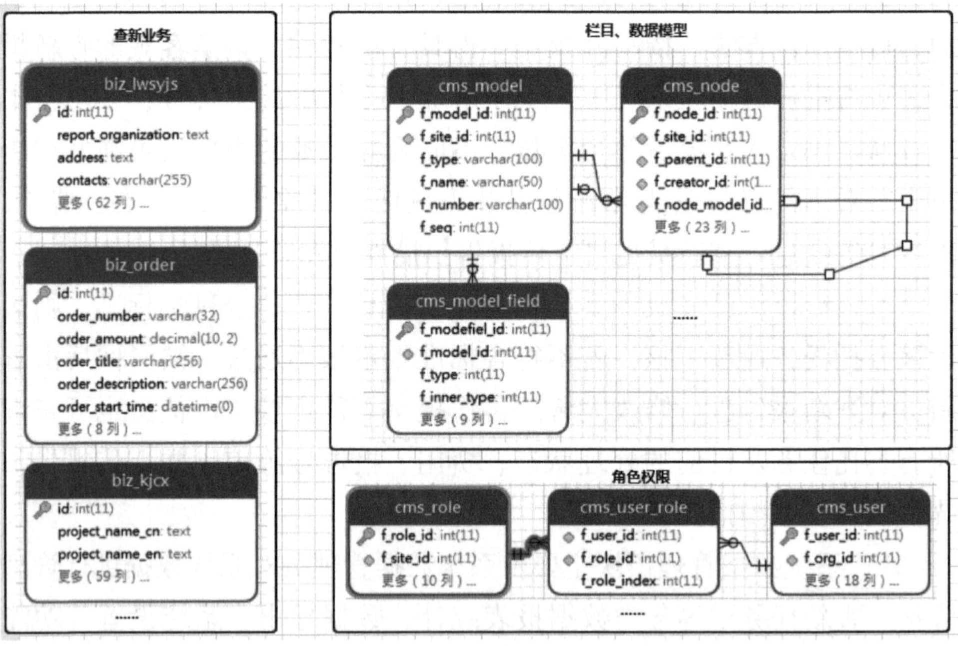

图 6.3　E-R 图

6.3.6 安全性设计

科技查新平台作为对科研立项、成果鉴定、奖励申报和论文引证等信息的服务平台，其中的数据涉及各项成果。① 因而本平台应具有完备的数据存储、备份和恢复功能。

对敏感的数据如用户个人账号信息、查新财务相关数据等进行加密后存储到数据库，使得在其他任何软件环境中都无法获取。同时，为防止客户端直接访问数据库，而造成的安全隐患，还应采用多层架构。

系统通过验证和过滤输入数据信息，防止恶意输入数据破坏在线平台。在查新综合管理平台界面使用 Java Script 对表单进行验证，检测用户输入内容是否不合规、是否非法、重要信息是否错填漏填等情况，并及时在客户端弹出对话框提示用户需要规范填写。同时，在服务器端使用过滤函数，针对特殊字符，如“/”“#”“&”等进行过滤和替换，防止因这些特殊字符而引起系统出错。此外出于对安全性的考虑，在服务器端应还设置防跨站攻击、防注入、站外提交等模块，以增强系统安全性。

系统部署上线后，使用 IBM Security Appscan 和 Web Vulnerability Scanner 等安全扫描软件对 Web 客户端进行交叉扫描。主要检测对象为常见的 Web 应用程序漏洞，如缓冲区溢出、跨站脚本、SQL 注入和 Flash/Flex 应用程序等。通过系统的漏洞评估，对发现的问题进行针对性修复，最大限度上保证系统安全稳定运行。

同时，还应增加系统管理员角色，系统管理员为查新平台最高管理角色，可以在对应的管理模块中修改用户名、更改操作权限和重置初始密码。只有输入正确的用户名和密码，才能进入系统，进入系统

① 段永璇. 科技查新委托系统的设计与实现［D］. 山东：山东大学硕士学位论文，2008.

后用户即可修改自己的密码。对用户密码提供更安全的控制功能，如首次登录系统必须设置6位以上大小写字母和数字的组合、半年时间以上需修改密码、不同IP地址多次登录失败锁定用户等，进一步提供系统的身份认证安全性。

6.4 查新平台业务流程及功能实现

通过仔细梳理分析了科技查新业务流程，对科技查新流程进行了规范，结合中国科学院兰州查新咨询中心工作实际，结合科技查新综合管理平台，制定了基于查新平台的查新管理系统业务处理流程。

6.4.1 查新平台业务流程

查新工作流程一般由委托人先行注册并登录系统后选择相应的委托任务。

1）确定委托需求：科技查新、论文收引检索、专题检索都需要先下载委托单并填写必填委托项以明确委托需求。科技查新中委托人需将清晰的查新需求在委托单中进行体现，一般填写的是查新项目的研究背景、目的意义、研究内容、技术要点、工艺等内容。论文收引检索则需要明确检索数据库、自/他引排除标准等信息。在查重时，需上传查重文档，正常情况下查重文本字符数应在29万个字符以内。在专题检索中则应阐明专题检索需求与主题简介等内容。

2）分配任务：由科技查新管理员、论文收引检索管理员、查重管理员、专题检索管理员确定委托需求类型并将任务分配给相应的查新员。

3）开展委托任务：由查新员进行具体的查新工作及撰写查新报告并上传。

4）展开审查任务：由审查员对查新报告展开审查，若与标准相符，则审查合格。若与标准不符，则审查不合格并需填写相关缘由。

5）报告修改：由查新员修改报告，并再次上传，审查合格的查新报告以 Word 格式在系统中存储。

6）报告获取：在通知委托人后，由委托人登录系统缴费并下载查新报告电子版。纸质版报告则会通过委托人需求以自取、快递寄付、快递到付三种方式提交给委托方。

查新各流程环节采用邮件+阿里云短信的形式向下一节点执行人及委托人推送查新进度信息。具体查新流程如图 6.4 所示。

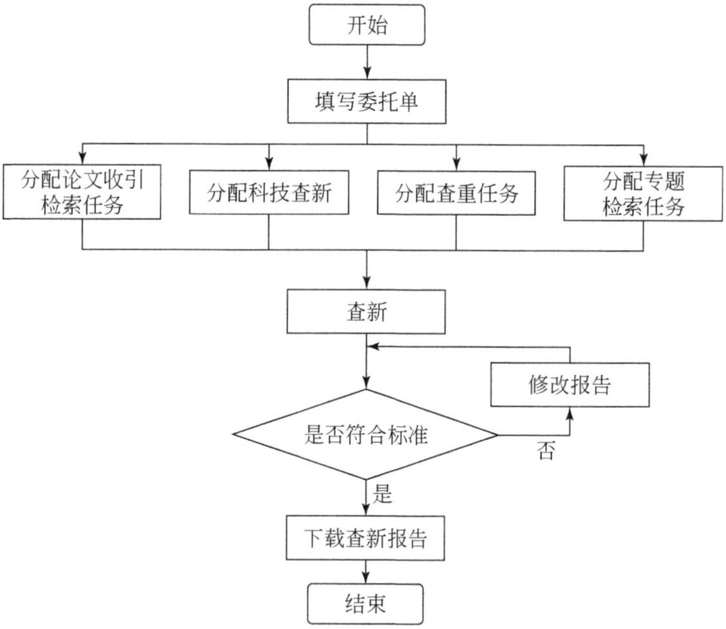

图 6.4　查新流程图

6.4.2　基本业务功能

委托人作为查新工作具体需求的提出者，承担着明确具体查新项目名称、查新点等内容，如项目中使用的技术创新点、理论、方法、结构、工艺、配方、技术指标等，均需在查新委托单中有所体现。需求提出后，等待查新机构对委托内容进行查新，完成查新后拟定具体的查新报告则由委托人在系统中缴费后可自行进行下载，委托人还可选择获取报告方式为自取、快递寄付、快递到付。委托人填写委托单时，系统会自动提取更新委托人开票单位信息，解决了后续提交时重复输入的问题，简化操作。委托人与管理员用例如图 6.5、图 6.6 所示。

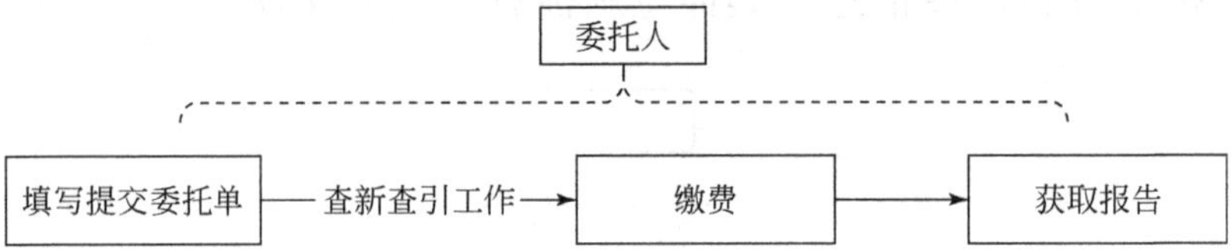

图 6.5　委托人用例

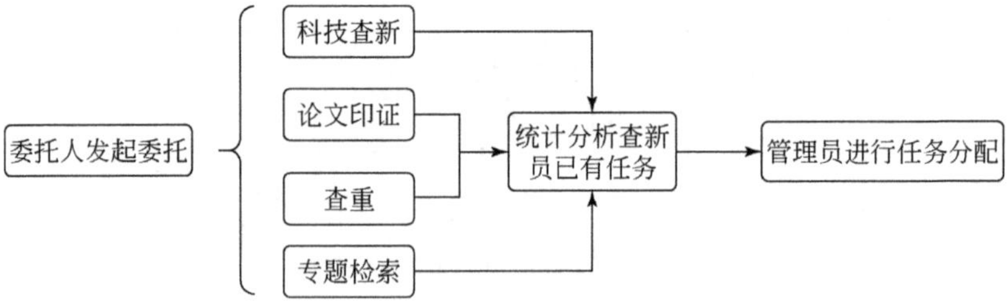

图 6.6　管理员用例

科技查新员是查新工作的主要实施者，查新员对查新点的准确提炼，可以对查新内容有更好的认识。查新员需要根据委托人提出的查新项目名称，具体查新点描述的技术方法等运用科学评价、文献检索等方法对文献做出新颖性查证，再进行合理、客观、细致地分析后从而拟定一份具备时效性、专业性、客观性的查新报告。科技查新员用例如图 6.7 所示。

论文收引检索是对 SCI（E）、EI、SSCI、CPCI、CSCD、CSSCI、CNKI 等国内外数据库论文收引检索，并出具证实资料的业务。可在用

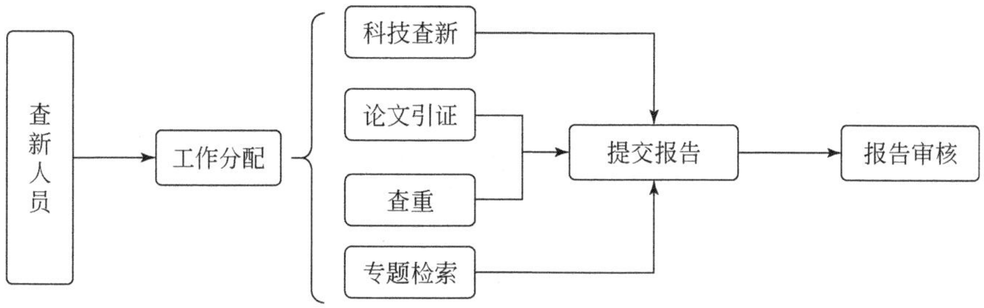

图 6.7　查新员用例

户申请院士、“杰青”“优青”，职称评审，职工入职等方面实现对机构或个人的论文收引检索。论文收引检索中查新员需按检索请求，如检索数据库、自/他引排除标准、待检论文篇数、待检论文年限、完成时间等进行收引检索。

查重作为学术不端检测中最为常用的一种方式，可以有效地检测知识资产造假、抄袭等学术不端行为。查重时一般需要委托方提供查重文本文件，目前国内大多数机构单位是以知网查重为准，查重员需根据委托方提供的文本附件进行查重检测，而后出具报告。

除科技查新、论文收引检索、查重以外，还设定了专题检索业务。专题检索的核心是对检索词、检索式的不断调整及复检的过程。专题检索的主要范围包括文献检索、信息分析咨询、情报检索培训等专题定题服务。专题检索管理员要根据委托人提出的专题检索需求实行专题检索，如主题简介等。

在相应委托业务完成后，还需要对生成的报告进行审核操作，因此审核员可对科技查新、论文收引检索、查重、专题检索委托任务完成结果进行审核。审核结果一般有两种，分别为通过与驳回，同时审核员还可查询到所有委托任务以其当前的处理状态、费用、报告号等信息。审核员也可上传报告号扫描件及发票信息。审核员用例如图 6.8 所示。

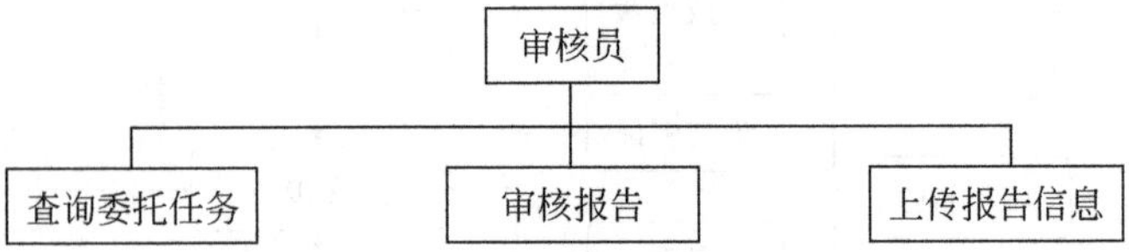

图 6.8　审核员用例

系统数据管理员可根据设置不同分析时段、查新员、委托类型(科技查新、论文收引检索、查重、专题检索)、用户分析（机构类型、区域分布)、查新范围（国内、国外)、缴费状态（已缴费、未缴费)、报告获取方式（自取、邮寄)、分析内容（项目数量、业务金额)、目的分析（科技查新、论文收引检索、查重)、支付方式（对公转账、支付宝、微信)、发票状态（未开票、待开票、已开票)、图表类型（柱状图、折线图、饼状图）以整体统计、年度统计、月度统计及全选四种方式进行分析统计，充分对平台内的数据进行有效管理。系统数据管理员用例如图 6. 9 所示。

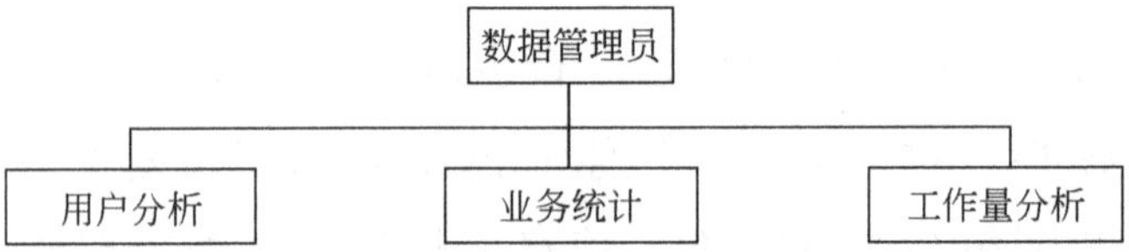

图 6.9　系统数据管理员用例

为了便于用户及时获取报告，用户缴费模块采用转账缴费+支付宝支付+微信支付的方式，转账缴费流程：上传转账凭证→人工审核→更改委托单状态→完成缴费。网络支付流程：统一下单→异步回调→校验订单→更改委托单状态→完成缴费。缴费完成并用邮件+短信两种方式通知委托人，委托人可自行从委托历史中下载查新报告，实现了网络支付与业务流程的无缝对接（图 6. 10）。

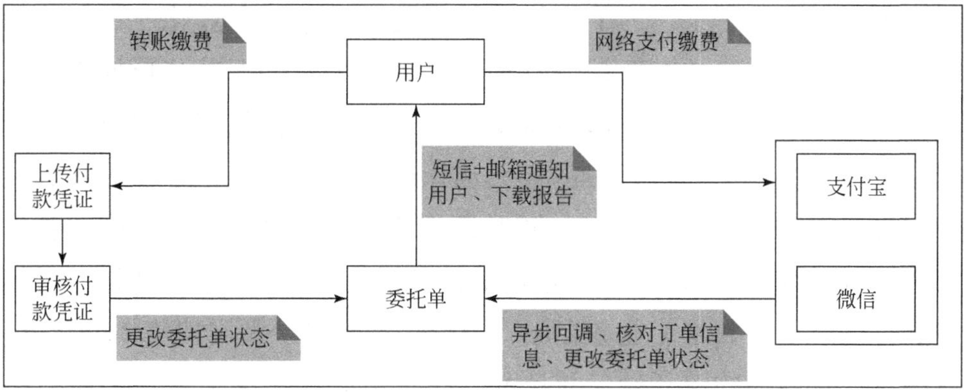

图 6.10　支付流程图

6.4.3　业务宣传、个性化推送功能

为更加方便快捷地开展基于互联网平台的查新主动服务模式，通过科技查新综合管理平台向用户进行业务宣传、项目提交、成果展示、快报推送、营销推广等相关信息，通过短信、邮件等方式推送用户所需领域态势和方向研究、追踪发展脉络和热点、行业领域竞争现状和对策，以及知识产权等相关信息（图 6.11）。

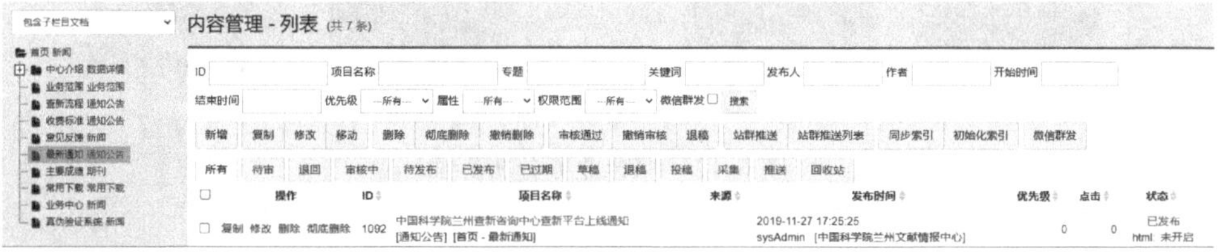

图 6.11　新闻公告业务宣传后台编辑界面

6.4.4　查新大数据整合分析导出

用户在提交成功一项委托后，围绕用户及委托项目的查新业务相

关大数据也随之产生，为了提供给用户更个性化、专业化、定制化的科技咨询服务，科技查新综合管理平台构建了数据汇总分析导出等系列功能。查新员在平台勾选所需要的信息，如机构类型、用户区域分布、查新目的、论文检索目的等，选择待分析的年份，想要的图表类型，即可在线生成分析图表，同时还提供 Excel 等多种模式供查新员修改下载。综合业务分析功能是按照查新员、委托类型、用户分析、查新范围、项目数量、业务金额、缴费状态等多个大类按整体、年度、月度统计查新员的查新量，并且可以选择需要的图表类型（柱状图/折线图/饼状图）加以呈现，具体如图 6. 12 所示。

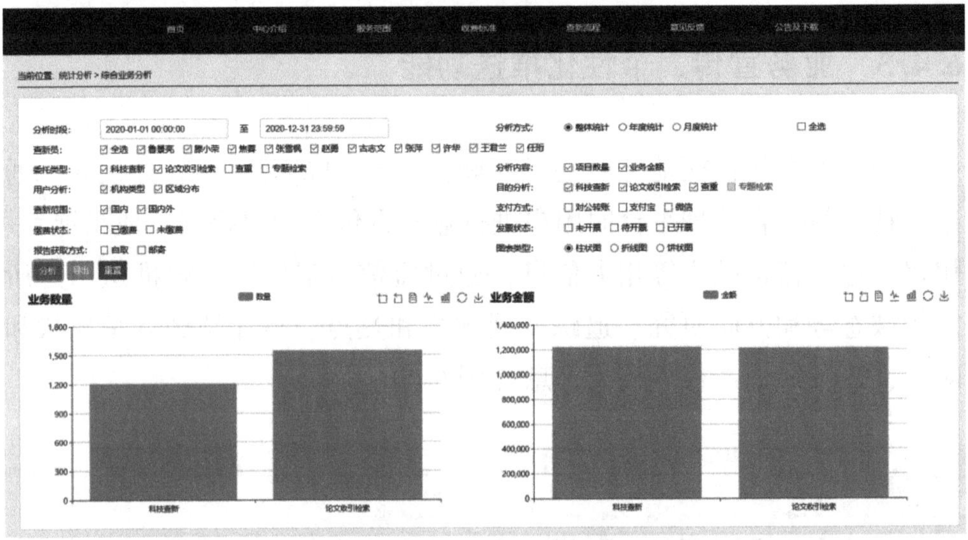

图 6. 12　综合业务分析界面

为全面细致地掌握一项科技查新过程中产生的所有信息，平台还添加了数据导出功能，将用户提交的委托界面中的有效信息进行梳理汇总，形成 EXCEL 文件。其中，主要导出字段包括报告号、项目名称/被检作者、费用、业务类型、委托人、委托单位、委托日期、查新员、审核员、完成时间、联系人、联系电话、其他联系方式、获取报告方式、收件人、收件人单位、收件人地址、收件人电话、报告是否已邮寄、报告邮寄单号、缴费状态、支付方式、到账日期、发票类型、开票单位名称、纳税人识别号、开户行及账号、发票状态、开票日期、发票号、客户取票时间、发票邮寄单号、是否销账等，具体如图 6.13 所示。

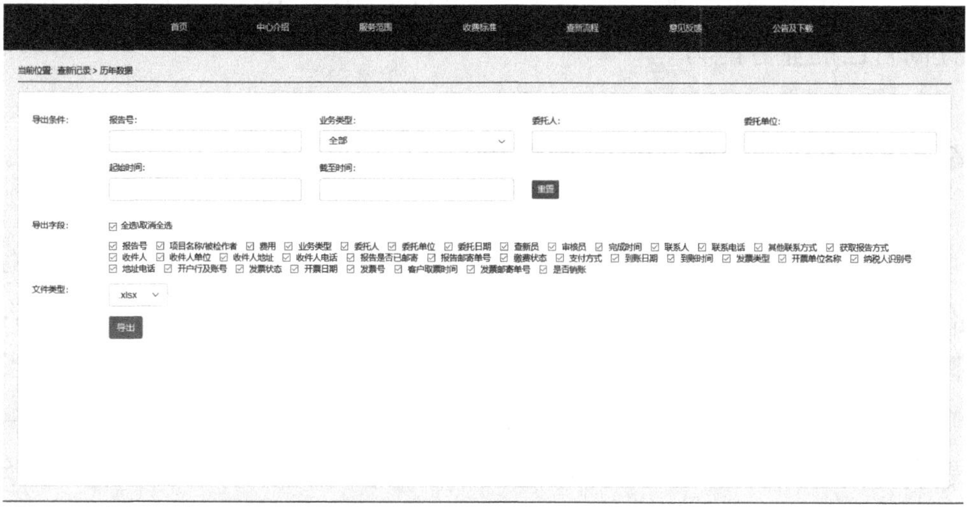

图 6.13　数据导出界面

其中，为了更加清晰地统计财务情况，涉及财务统计的导出字段包括缴费状态、支付方式、到账日期、到账时间、发票类型、开票单位名称、纳税人识别号、地址电话、开户行及账号、发票状态、开票日期、发票号、客户取票时间、发票邮寄单号、是否销账。

同时，很多委托用户都要求将查新报告快递给本人，避免来回奔波，浪费人力和时间。这样导致了查新部门快递业务量大，手工管理很麻烦，容易出差错。快递信息登记功能方便对快递信息进行管理，统计的信息字段包括获取报告方式、收件人、收件人单位、收件人地址、收件人电话、报告是否已邮寄、报告邮寄单号，并且跟委托项目关联显示，方便查新员对快递进行查询和管理。

委托数据分析有委托类型、委托机构类型、用户区域分布、查新范围、查新目的等，通过选择分析时段及分析内容，可对查新机构某一时间段内整体业务量等信息做汇总展示，在查新需求高发期前对未来的工作做合理的统筹安排，优化人员工作协调及分工，加强查新人员的科研管理工作。① 查新员业务分析，包含查新员的业务数量和业务金额的年度或者月度数据分析，使得查新人员及时了解本人工作进度，找出工作中的不足，便于制定下个月度的工作计划，有助于查新人员提高自己的业务能力。

6.4.5 档案存储、构建物联网

一直以来查新工作的档案管理需要人工整理，耗时耗力，且难免存在因人为因素导致的遗漏及错误。为了解决此问题在参考中国科学院兰州文献情报中心档案管理相关条例办法后，系统增加了文件归档功能，将所有附件按单个委托单整理汇总，以“委托报告—委托人—题名—附件类型”的命名方式统一压缩打包，数据管理员可自由选择时间段及委托单类型，一键下载。

当查新流程全部结束后，实行按年度以报告号年度、业务类型为准进行归档，建立科技查新咨询档案数据库，把电子档案按年度、按业务类型、按报告号顺序、按查新员等相结合的方法进行归档。把每份科技查新的委托单、查新报告电子版、收费清单以文件夹命名，都上传至查新管理系统进行保存便于统计、查询和再利用（图 6.14）。通过此系统，管理者不但可以了解每年查新咨询的情况，也可以了解每个查新员完成工作量。把科技查新报告电子版保存到软盘或硬盘，除了查新咨询档案管理人员保管全部的查新报告电子版外，每个查新人员也对自己所做的查新报告的最终电子版妥善保管，充分做好数据的备份工作。

---

① 陈珍芳．科技查新工作中科研越轨行为分析及其对策研究［J］．科技情报开发与经济，2014（19）：103-105.

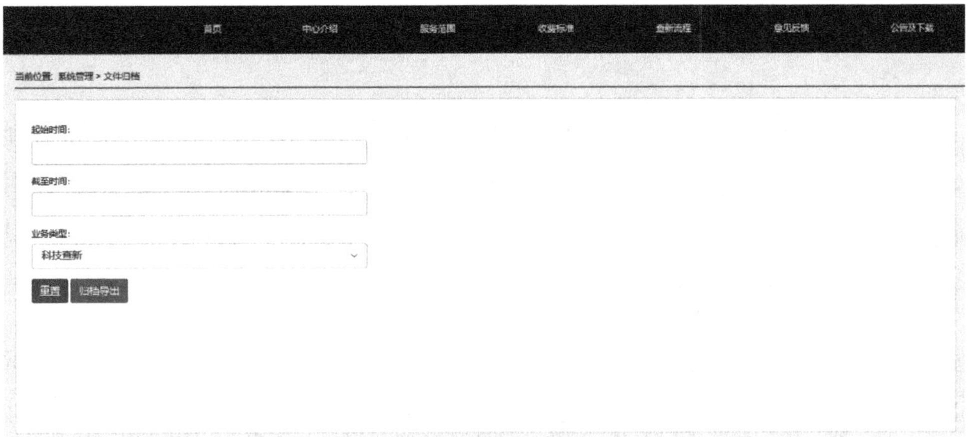

图 6.14　文件归档界面

邮递记录模块根据记录查新报告邮递信息，提供报告及发票等邮寄信息的回溯。此模块设计包含了查新报告的生成时间及委托人员获取查新报告的时间，为后续扩展预留了一定空间，在此基础上可进行更详细的分析，细化报告、发票等的邮寄，确保查新工作的及时性和高效性。

利用查新平台，将近几年查新档案按类别、年度、电子版报告、委托单、机构名称等多类型条件导出，不仅实现了档案云存储，同时还对档案中的数据进行二次加工，方便日后为用户提供更多个性化服务。以查新业务为中心构建物联网，及时上传更新快递信息，实现便捷化的查新服务，具体如图 6.15 所示。

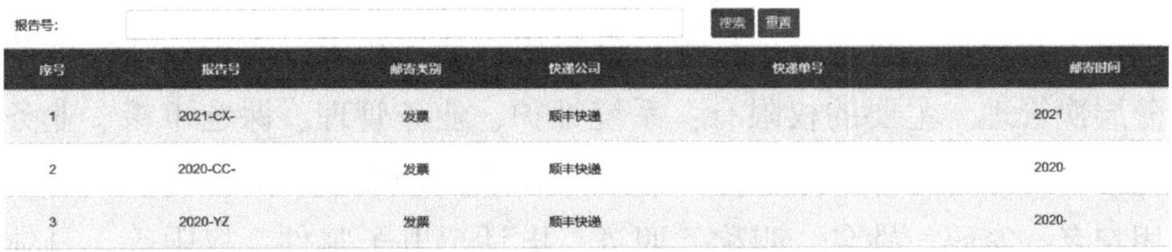

图 6.15　平台实时快递信息

6.4.6 围绕查新平台，开发自动化查新

为提升查新工作效率，围绕科技查新平台，开发了系列自动化查新工具。例如，论文SCI引用区分他引软件，查新员将检索出的引用数据，以一定格式填写，上传至基于Python的他自引区分软件进行识别计算，然后以Excel格式导出区分自他引的数据信息（图6.16）。

No.	First aut	Source	Accession Number	Total cit	External	Self Citation
1	Ma, R	TRIBOLOGY INTERNATION	WOS:000580595400036	3	3	0
2	Jiang, C	FRICTION 2020 8 3	WOS:000529863400007	3	2	1
3	Li, WM	ACS APPLIED MATERIALS	WOS:000526583500117	4	3	1
4	Li, WM	LANGMUIR 2018 34 3	WOS:000444792500028	10	7	3
5	Li, WM	JOURNAL OF OLEO SCIEN	WOS:000351975300003	14	14	0
6	Li, WM	ACS SUSTAINABLE CHEMI	WOS:000334092600032	36	33	3

图6.16 自他引区分Excel结果

6.4.7 用户反馈管理及真伪验证功能

基于用户体验提供科技查新、论文收录引用检索、查重（学术不端监测）、专题检索、知识产权服务等多元化信息咨询服务。同时，通过收集用户意见，开展查新平台工作进度查询、多途径智能缴费、短信邮件实时通知等查新、收引一站式服务功能。为了提升用户体验还设计了意见反馈收集功能、报告真伪验证功能（图6.17，图6.18）。

针对查新机构不同人员的工作需要，如查新员、审核员、档案管理员、审核员、数据管理员等，设置用户使用权限，实现查新人员的分层次管理。主要的权限有：系统维护、业务管理、课题审核、业务统计，财务统计等。其中，所有用户都有查新权限。用户的信息包括：用户名、密码、姓名、职称、职务、电话、电子邮件、权限等。具体如图6.19所示。

图 6.17　意见反馈收集

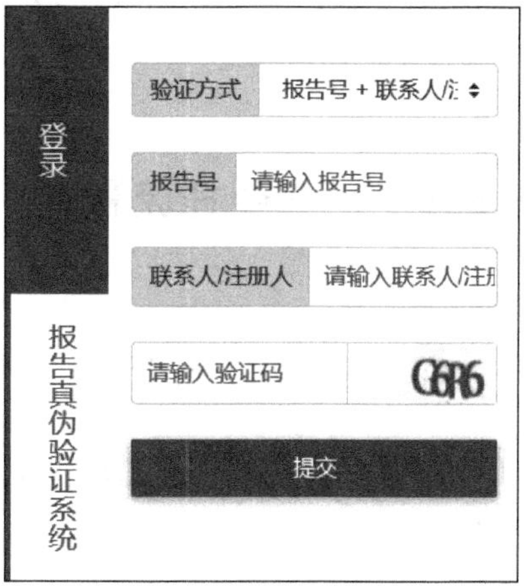

图 6.18　报告真伪验证

图 6.19　用户权限管理界面

6.5 案例分析

6.5.1 用户委托流程

6.5.1.1 注册登录

中国科学院兰州文献情报中心查新平台首页主要采用三张高清大图循环播放进行对外展示，页面上包含登录窗口、报告真伪验证系统及平台业务范围。用户在登录界面，输入用户名和密码后，系统根据用户名判断所分配的权限，然后进入相应的界面。若委托人还未注册的，在注册后才可获得授权。用户界面为委托用户提供了中心介绍、服务范围、查新收费标准、查新流程、报告下载、意见反馈等信息。委托用户免费注册并登录后，可以在线提交查新委托单，还可以查询所查新的项目的状态、对应的查新员和审核员等信息，下载收费清单和查新报告。

委托用户在首页点击“免费注册”按钮链接，进入用户注册页面，填写用户名和密码、真实姓名手机号等即可快速注册，如图 6. 20 所示。

6.5.1.2 业务委托

委托用户登录系统后，阅读重要提示，根据自己需求，选择对应类别，如论文收引检索，点击“论文收引检索”，在委托界面填写基本信息，同时下载右上角委托单，填写委托单后上传，点击“提交”即委托成功，如图 6. 21 所示。

委托用户在“科技查新委托单”或“论文检索委托单”等界面中逐项填写相关信息，每一项均为必填项，填写完成后点击“提交”按

图 6.20　用户注册界面

图 6.21　委托界面进行委托

钮提交委托单。该委托单自动关联到选中的查新员。如果一次没有填写完，可以点击“保存草稿”进行暂存，下次登录后可以取回草稿。提交的委托单自动在 C/S 客户端管理员的业务管理界面中显示。科技查新委托单如图 6.22 所示，论文检索委托单如图 6.23 所示。

中国科学院兰州查新咨询中心科技查新委托单

查新须知：

查新委托流程：①请按要求填写“查新委托单”，以“姓名-单位-报告名称”命名word文档；②登录“中国科学院兰州查新咨询中心查新平台”（http://chaxin.llas.ac.cn），快速注册平台账号；③上传“查新委托单”至查新平台，通过查新平台进行查新委托（查新平台用户帮助手册见网站“公告及下载”）。

本文档附件为收费标准与缴费发票须知，便于你进行缴费等后续操作。如您在查新检索过程中有任何疑问，可随时随地联系我们，Email：jiansuo@lzb.ac.cn，电话：0931-8274297，QQ服务群：857061326，我们将竭诚为您提供优质的查新检索服务（文档红字部分为提醒部分，可删除）。

查新项目名称	中文	必填				
	英文	国内外查新必填，国内查新可不填				
机构名称		用于报告署名和开具发票，请填写单位全名，如报告署名和发票抬头不一致请务必注明。				
查新机构	机构名称	中国科学院兰州查新咨询中心查新咨询中心	通信地址	兰州市天水中路 8 号	邮政编码	730000
	QQ服务群	857061326	微信服务群加群方式	添加微信(微信号：lzchaxinzhongxin 手机号码：15693328072)后拉入		
	负责人	任 珩	电话	(0931) 8274297		
	联系人	鲁景亮	电子信箱	jiansuo@lzb.ac.cn		
		(0931) 8274297	QQ	3013232799		

一、查新目的及查新范围

□ 立项查新（申报计划、开题）：________ 范围：□国内 □国内外

□ 成果查新（成果鉴定、申报奖励）：________ 范围：□国内 □国内外

□实验室查新（实验室申请、评估）：________ 范围：□国内 □国内外

□专利查新：________ 范围：□国内 □国内外

□ 其它（请注明）：________ 范围：□国内 □国内外

请将您选择的查新目的与查新范围字体红色标记，必选

二、查新项目的科学技术要点（充分反映出查新项目的概貌，阐述项目的背景、技术问题、解决技术问题所采用的方案、主要技术特征、技术参数或指标、应用范围等相关技术内容，如填写不下，请另附）

必填，请您根据以上要点填写

此处，可填写该查新项目的研究背景、目的意义、研究内容、技术要点、工艺等内容，篇幅控制1000-2000字左右。

三、查新点（请逐条说明该查新课题要求查证新颖性的部分，即体现该项目新颖性的全部技术创新点，如涉及内容、理论、方法、结构、工艺、配方、技术指标等等方面的创新点，如填写不下，请另附）

此处，项目负责人须通过专业知识判断，用2-3句非常精练的语句，表达该查新项目与已有研究的区别点（查新点），该区别点可以是技新术、新方法、新内容、新工艺、新配方、新指标、新理论，但在数据库（国内数据库主要包括CNKI、万方、维普、国知局专利数据库等；国外数据库主要包括WOS、Scopus、EI、Derwent Innovations Index、Elsevier、Willy、Springer等摘要/全文数据库）检索对比时，不能出现与之相同的文献，否则查新点将会被否决掉，需要重新提供查新点。查新点撰写举例如下：

例1、利用空间点格局方法，研究西北地区高寒退化草地针茅种群种间关联性（资源环境领域）；

例2、运用运输经济弹性理论，采用回归拟合分析方法，探讨我国铁路运输式货运量的变化规律，寻找货运量与经济发展的函数关系（人文社科领域）；

例3、提出放射线作用下对肿瘤细胞靶向治疗的分子机制和策略（物理化学领域）

例4、阐述高含盐量土壤受降温和增加含水量变化导致的剪切强度的提高和降低与降温引起土壤基质吸力和盐结晶作用力之间的机理关系（工程机械领域）

例5、通过臭氧水杀菌处理、阶梯温度速冻（控制温度在零下35-55度）、螺旋升温（控制温度在零上40度-45度，在20-27度，在30-38度，时间约42小时）、变压干燥技术（气压采用螺旋对流控制，压力控制范围500-200pa）、研发出能保持鲜枸杞形态、颜色及功效的微冻干枸杞加工工艺，其成品的水分含量为7-13%，比烘干枸杞水份含量低3%左右（技术指标类别）；

例6、采用耐氧酸性强磁点腐蚀钢（ND钢）为设备主体材料，在表面处理的抛丸钢砂中加入45%碳化硅颗粒；在喷涂防腐层中加入80%锌粉，形成表面密闭、隔绝介质的脱硫除尘静电设备（工艺配方类别）

四、委托人提供的资料

1、项目组主要人员名单（必填）

只需填写姓名即可，非委托单位人员，请注明单位名称

2、项目组主要学术论文题录、专利信息等以及项目主要参考文献等

立项查新请尽量填写

3、其他材料，包括不限于开题报告、研制报告、总结报告、成果申报表、专利说明书、产品样本、检测报告、用户报告、技术报告、可行性报告、报奖材料等，中心将为您保密

1必填，2、3项有助于查新报告的快速进行，如有相关资料请尽可能提供。

五、中英文检索词

中文：必填

图 6.22　科技查新委托单

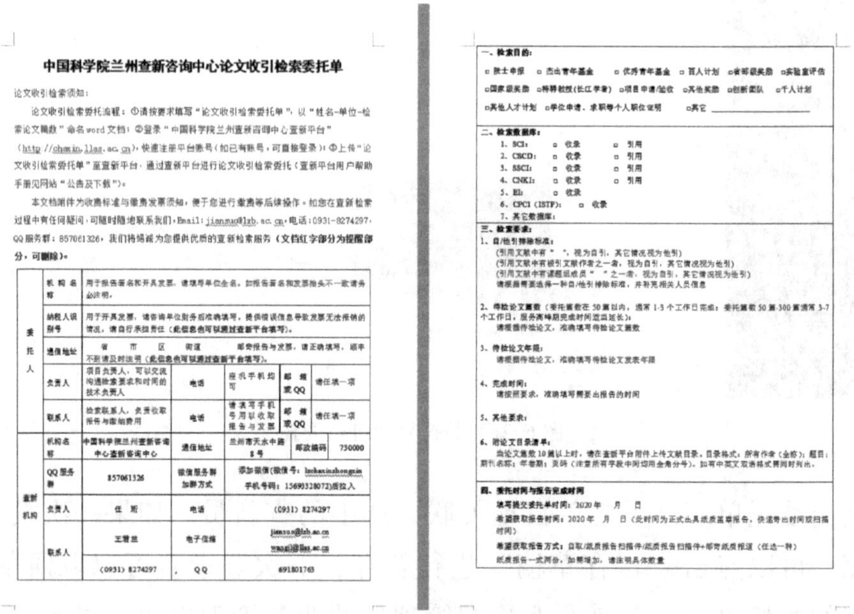

中国科学院兰州查新咨询中心论文收引检索委托单

论文收引检索须知：

论文收引检索委托流程：①请按要求填写“论文收引检索委托单”，以“姓名-单位-检索论文篇数”命名word文档；②登录“中国科学院兰州查新咨询中心查新平台”（http://chaxin.llas.ac.cn），快速注册平台账号（如已有账号，可直接登录）；③上传“论文收引检索委托单”至查新平台，通过查新平台进行论文收引检索委托（查新平台用户帮助手册见网站“公告及下载”）。

本文档附件为收费标准与缴费发票须知，便于您进行缴费等后续操作。如您在查新检索过程中有任何疑问，可随时随地联系我们，Email：jiansuo@lzb.ac.cn，电话：0931-8274297，QQ服务群：857061326，我们将竭诚为您提供优质的查新检索服务（文档红字部分为提醒部分，可删除）。

委托人	机构名称	用于报告署名和开具发票，请填写单位全名，如报告署名和发票抬头不一致请务必注明。				
	纳税人识别号	用于开具发票，请咨询单位财务后准确填写，提供错误信息导致发票无法报销的情况，请自行承担责任（此信息也可以通过查新平台填写）。				
	通信地址	省 市 区 街道 邮寄报告与发票，请正确填写，顺丰不到请及时注明（此信息也可以通过查新平台填写）。				
	负责人	项目负责人，可以交流沟通检索要求和时间的技术负责人	电话	座机手机均可	邮箱或QQ	请任填一项
	联系人	检索联系人，负责收取报告与缴纳费用	电话	请填写手机号用以收取报告与发票	邮箱或QQ	请任填一项
查新机构	机构名称	中国科学院兰州查新咨询中心查新咨询中心	通信地址	兰州市天水中路 8 号	邮政编码	730000
	QQ服务群	857061326	微信服务群加群方式	添加微信(微信号：lzchaxinzhongxin 手机号码：15693328072)后拉入		
	负责人	任 珩	电话	(0931) 8274297		
	联系人	王雪兰	电子信箱	jiansuo@lzb.ac.cn wangxl@llas.ac.cn		
		(0931) 8274297	QQ	691801763		

一、检索目的：

□ 院士申报 □ 杰出青年基金 □ 优秀青年基金 □ 百人计划 □省部级奖励 □实验室评估

□国家级奖励 □特聘教授(长江学者) □项目申请/验收 □其他奖励 □创新团队 □千人计划

□其他人才计划 □学位申请、求职等个人职位证明 □其它 ________

二、检索数据库：

1、SCI： □ 收录 □ 引用

2、CSCD： □ 收录 □ 引用

3、SSCI： □ 收录 □ 引用

4、CNKI： □ 收录 □ 引用

5、EI： □ 收录

6、CPCI（ISTP）： □ 收录

7、其它数据库：

三、检索要求：

1、自/他引排除标准：

(引用文献中有“　”，视为自引，其它情况视为他引)

(引用文献中有被引文献作者之一者，视为自引，其它情况视为他引)

(引用文献中有课题组成员“　”之一者，视为自引，其它情况视为他引)

请根据需要选择一种自/他引排除标准，并补充相关人员信息

2、待检论文篇数（委托篇数在50篇以内，通常1-3个工作日完成；委托篇数50篇-300篇通常3-7个工作日，服务高峰期完成时间适当延长）：

请根据待检论文，准确填写待检论文篇数

3、待检论文年限：

请根据待检论文，准确填写待检论文发表年限

4、完成时间：

请按照要求，准确填写需要出报告的时间

5、其他要求：

6、附论文目录清单：

当论文篇数10篇以上时，请在查新平台附件上传文献目录，目录格式：所有作者（全称）；题目；期刊名称；年卷期；页码（注意所有字段中间均用全角分号）。如有中英文双语格式需同时列出。

四、委托时间与报告完成时间

填写提交委托单时间：2020年　月　日

希望获取报告时间：2020年　月　日（此时间为正式出具纸质盖章报告，快递寄出时间或扫描时间）

希望获取报告方式：自取/纸质报告扫描件/纸质报告扫描件+邮寄纸质报道（任选一种）

纸质报告一式两份，如需增加，请注明具体数量

图 6.23　论文收录检索委托单（一）

为了提升用户体验感，系统还添加了常用发票信息回填功能。用户在查新平台进行委托时上传过的发票信息，系统自动保存记录。当下次委托时，只需输入单位名称即可出现全部税号信息，帮助用户委托减少时间与步骤，也避免了用户因不了解发票信息而造成无法顺利委托。通过在委托界面添加常见信息自动回填功能，使科技查新综合管理平台操作体验更加人性化、智能化，如图 6.24 所示。

图 6.24　论文收录检索委托单（二）

用户在委托过程中，可能会出现一些信息不确定如何填写，此时可以点击“保存草稿”先暂时保存草稿箱，等待查新信息全部核实清楚后，再从草稿箱继续下一步的委托填写，确定填写合适后再点击“提交”即成功提交委托，如图 6.25 所示。

图 6.25　草稿箱界面

6.5.1.3 提交查询、下载报告、处理费用

在首页输入用户名和密码登录系统，点击左边菜单“委托历史”可以查看项目的查新结果。在查新结果查看界面可以看到报告号、项目名称、委托人、提交时间、处理状态（已完成、正在查新、已受理）、完成时间、查新员、审核员、下载、付款等信息，如图6.26所示。对应每一步骤，平台发送邮件和短信同时通知用户，提醒用户查新实时进度，及时下载查新报告电子版本，处理费用，领取或查收纸质版查新报告。

图6.26 用户委托项目查询界面

6.5.2 查新员工作流程

系统拥有多个功能模块，主要有：业务受理、课题审核、查新任务、业务统计、财务统计、数据资源管理、用户管理、快递信息管理、即时消息、短信推送、网上支付、查新报告下载、委托合同下载、综合数据导出、历史数据导入等。

6.5.2.1 查新员接收委托

查新员主界面包括待办事项（科技查新、论文收引检索、查重、专题检索）、办理历史（科技查新、论文收引检索、查重、专题检索）、申请报告号、确定费用、提交审核、所有业务、完成列表、查新员当月完成与进行中项目数等功能。

如果业务流程设置为管理员统一分配查新员，在业务受理中点击项目名称弹出该项目的分配页面，页面中显示委托合同中的相关内容，点击分配选择查新员后，项目自动流转到该查新员。当查新员接收此项委托后，会有短信和邮件提示查新状态及负责的查新员情况发送至用户，如图 6.27 所示。

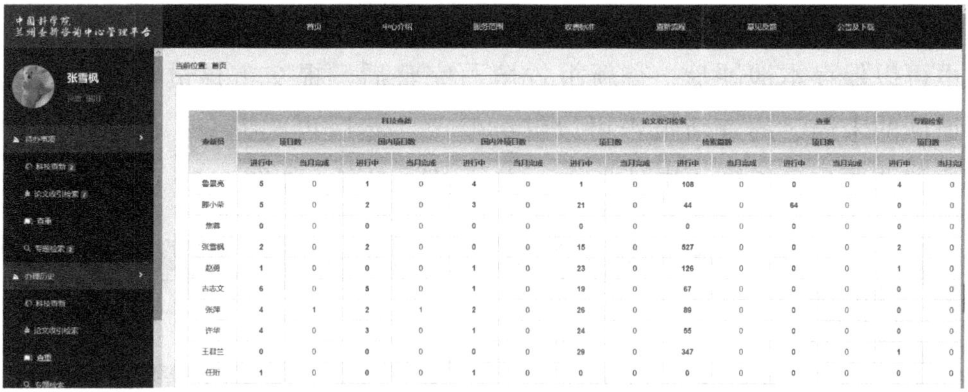

图 6.27 业务管理操作界面

用户提交委托后，分配管理员看到待办事项中的委托，点击“分配”按钮，根据查新员工作一览表，将对应委托分配至查新员，委托递交到查新员进行处理，如图 6.28 所示。

6.5.2.2 查新员出具报告提交审核

查新员登录系统后，自动接收管理员分配的委托。查新员查看委托界面后，开始查新，填写查新报告。查新报告保存到 FTP 服务器上，

图 6.28　分配管理员操作界面

也可以保存本地硬盘。查新报告填写完整后，提交审核员审核；对于退回的未通过的查新报告可以继续修改，然后再次提交；已经交付客户的课题自动转到历史任务中，方便以后查询，如图 6.29 所示。

图 6.29　查新员操作界面

查新员完成查新报告后，点击“提交审核”，将报告递交到审核员进行审核，此时正在审核的报告查新员不能打开进行编辑。

审核员收到查新员提交的查新报告后，对报告进行审核。如果审核通过，转给查新员打印交付客户，如果审核未通过，填写审核意见，然后退回给查新员修改，同时可以对查新员的查新质量打分。后台自动记录审核该项目的审核费用。审核过的课题自动转到已审列表中，方便以后查询。

6.5.2.3 查新数据统计汇总分析

综合业务查询功能可显示所有委托课题，只有数据管理员才能查看。该功能可以按照报告号、委托人或委托单位进行查询，如图 6.30 所示。

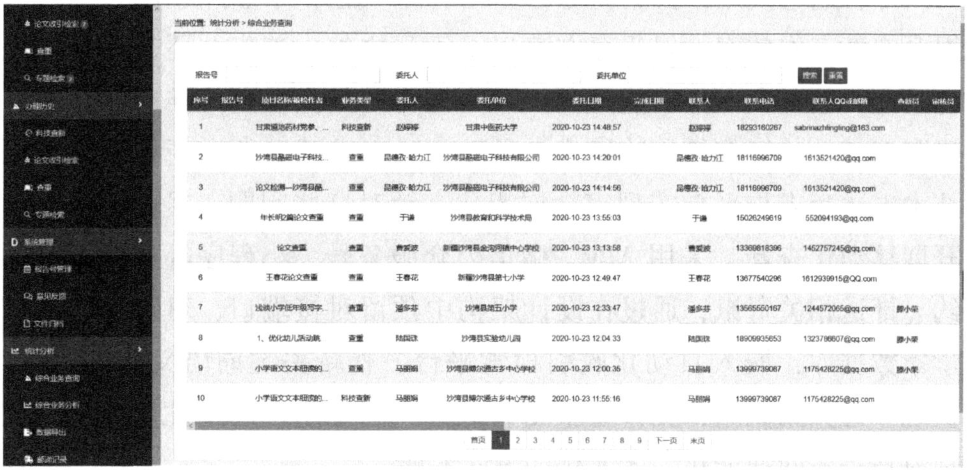

图 6.30 综合业务查询界面

综合业务分析功能可按照查新员、委托类型、用户分析、查新范围、项目数量、业务金额、缴费状态等多个大类按整体、年度、月度统计查新员的查新量，并且可以选择需要的图表类型（柱状图/折线图/饼状图）加以呈现。

其中，为了更加清晰地统计财务情况，涉及财务统计的导出字段为缴费状态、支付方式、到账日期、到账时间、发票类型、开票单位名称、纳税人识别号、地址电话、开户行及账号、发票状态、开票日期、发票号、客户取票时间、发票邮寄单号、是否销账等。

6.5.2.4 文件归档

当查新流程全部结束后，实行按年度以报告号年度、业务类型为准进行归档，建立科技查新咨询档案数据库，把电子档案按年度、按业务类型、按报告号顺序、按查新员等相结合的方法进行归档。

6.6 小　结

尽管通过使用科技查新综合管理平台，逐渐实现了优化管理流程、提升查新工作效率，但仍存在着以下不足之处：首先，还未完全实现自动化，还存在部分功能需要人工来操作。其次，宣传推广的介质仅局限于邮件、短信等传统模式。最后，已完成开发的查新检索自动化技术方法尚未与平台实现完全嵌入化。针对这些问题，目前正在逐渐开展移动化查新，采用 APP、微信公众服务号、小程序等进行委托预约、推送相关资讯，通过在设计架构中预留对接端口，对接建立大科学家数据库，嵌入自动化收引检索平台，查新关键词语义化平台等，实现一键数据调用，提升查新工作效率，满足用户的个性化需求，实现科技查新向智能化、多元化的方向发展。